中國崛起之再省思：現實與認知

袁易、嚴震生、彭慧鸞
合編

政治大學國際關係研究中心

目 次

序 言

國際各界有關中國崛起的討論伴隨著中共政權的興衰而有所起伏。中共研究的前輩包大可教授（Doak A. Barnett）早在一九五九年就曾以「中共之經濟戰略：崛起的中國大陸」（Communist Economic Strategy: The Rise of Mainland China）為題探究中國的經濟問題。另外，Robert Goldston 亦在一九六三年出版「紅色中國之崛起」（The Rise of Red China）一書闡述了中共建政之過程。爾後中國大陸歷經將近卅年的動亂，一九七八年鄧小平撥亂反正，以改革為綱，引導中國走上了經濟改革之途，綜合國力逐漸提昇，此一趨勢乃引起各國的注意。孟儒（Ross Munro）首於一九九二年在「政策評論」（Policy Review）季刊，以「覺醒之龍：中國對亞洲之威脅」（Awakening Dragon: The Real Danger in Asia is from China）為題，開啟了新一波有關中國崛起大辯論的序幕。其中一如一九九三年由「紐約時報」駐北京特派員紀思道（Nicholas D. Kristof）以「中國崛起」（The Rise of China）在「外交事務」（Foreign Affairs）季刊上提醒世人關注中國大陸的經濟持續成長，此一現象恐將對全球性政治、經濟及軍事產生重大影響等等一系列的論著，林林總總令人頗有目不暇給的感覺。另外，日本文史哲學界一向對中國研究十分熱中，近年來由於新興中國之崛起，更將中國研究領域擴大到經濟、政治與國際關係方面。除了東京大學、北海道大學、慶應大學等著名學院原有之研究外，某些大學更設立專門之中國研究學院一如愛知大學現代中國學部，亦有不少跨校性的學術團體一如以岡部達味教授為首的現代東亞論研究會、亞細亞政經學會等從事中國問題的研究。

基本上，自一九九二年起至二００三年的十年間，國際間有關討論中國崛起的討論大致可分為兩大類：一類強調中國經濟力量在世界經濟形勢中的角色，一類針對中國軍事力量對亞太地區戰略格局的衝擊。上述研究均以中國所處之地緣為依托，從而引申出中國崛起對此一地區相鄰國家的戰略意涵，當然其中尤以台灣、日本以及美國與此一局勢之發展息息相關。這些討論亦從中國崛起這個課題之主體意圖或能力、衝突或調和、激進或保守、經濟或軍事、權力或制度、理論或策略等等不同側面切入，此次會議的召開，就是在這種時空背景下醞釀出來的。

就如同此次會議的主題「中國崛起之再省思：現實與認知」所標示的重點，其目的在於就中國崛起的此一現象進行明辨慎思，明辨的目的促使我們對形勢的發展能保持高度的警覺清醒，慎思的作用則有助於增進國人了解事務變化之通則，進而提昇對國際形勢判別的能力。從而，在此認知基礎上擬定較具備有務實基礎的對應策略。此次會議邀請了美國、日本及國內三方面的學者、專家及政府官員共聚一堂，分別從不同的角度及視野，就此一彼此共同關切的課題進行意見的交流和共識的形塑，與會代表多曾以不同的身份與方式分別參與了過去十年間有關中國崛起的辯論與政策，都是具有相當影響力的意見領袖，也正是構成此一議題的「認識社群」（Epistemic Communities）的主體成員。對於變動中的國際政治，與會代表也都能夠充份地反映各國現階段的國內政治的走向。綜合而論，本次會議的目的有三：一是回顧與前瞻的作用，進而對中國崛起此一現象的歷史及發展進行一次梳理；二是認知與現實的調和，藉由充份掌握與了解各國政策與決策的內涵，以有利於分辨主觀與客觀間之差異所在；三是理論與政策的對話，通過熱烈的討論希企達成對中國崛起此一現象的新共識。

職是之故，此次會議的主題分為四個方面：一是有關政治現實與戰略選擇，其重點在於突顯各國對於中國崛起的挑戰與反應；二是有關經濟現實與經濟安全，其重點在於了解中國經濟發展的現況；三是有關區域安全與軍力平衡，其重點在於掌握中國崛起對於區域安全的影響；四是對中國崛起作一個綜合性的評估。本書收錄了此次會議中提報的十四篇論文。特別感謝楊人超先生所做的文字翻譯工作，使得此次會議的論文能以中文方式呈現給國內的廣大中文讀者。

最後，在此一併感謝政治大學副校長林碧炤及前行政院大陸事務委員會主委蔡英文對於此次會議的大力支持，並感謝下列人士擔任此次會議論文評論工作：中央研究院政治研究所籌備處主任吳玉山教授、美國亞太安全研究中心高級研究員 **Richard Bitzinger**(畢勝戈)、美國國會研究處研究員 **Shirley A. Kan** (簡淑賢)女士、國安會副秘書長張旭成博士、台灣智庫國際事務部主任賴怡忠博士、美國亞太安全研究中心研究員 **Denny Roy** (饒義)博士、傳統基金會顧問 **Ken Sheffer**(謝佛)先生、暨南大學公共行政與政策學系翁松燃教授、台灣大學政治學系楊永明教授、前外交部研究設計委員會主任委員劉復國博士、前國防大學國防決策科學研究所陳勁甫教授、國防大學戰略研究中心執行長王央城將軍、中山大學大陸研究所林文程教授、美國賓州費城外交政策研究所 **Jacques deLisle** (戴傑)教授、政治大學財政學系徐偉初教授、經濟學系陳樹衡教授、外交學系李明教授、國際關係研究中心童振源助理研究員以及台灣大學政治系徐斯勤助理教授。

袁 易、嚴震生、彭慧鸞 謹誌於

政治大學國際關係研究中心

2004 年 10 月

政治現實與戰略選擇

Ross H. Munro（孟儒）—
中國的大戰略：目標不變，戰術更新

鄭端耀—
中國的挑戰與台灣的現實

Tomohide Murai（村井友秀）—
日本的威脅：認知與回應

中國的大戰略：
目標不變，戰術更新

Ross H. Munro（孟儒）

前言

此次會議，本人應邀針對本人在 1997 年所出版的《即將到來的美中衝突》(The Coming Conflict with China)一書進行評論。該書曾在包括美國和台灣在內的多個國家出版，引起了各界的廣泛迴響，一般公認該書將對美國有關中國政策論辯的轉向上產生重要的作用。

《即將到來的美中衝突》一書指出，自 1990 年代初起中國領導階層就已有效地採取了新的大戰略作為，其目的在創造現代版的「朝貢體系」(tributary state system)，亦即恢復中國在東亞地區的霸權地位。此一中國的領導共識不僅是來自對中國古代盛世的抽象理想，它更可能是十數年後就可達成的目標。有鑒於中國在經濟、政治和軍事力量上的快速增長，以及美國國力下滑的趨勢，中國領導階層開始積極地尋求東亞地區的霸權地位。[1]在此之前，中國從 1971～1972 年起一向是以「權力平衡」作為其國家大戰略的主軸，亦即是透過與美國的結盟來反制蘇聯集團；隨後當美國的力量增強而蘇聯集團式微甚至解體之後，中國的戰略也就逐漸改弦更張。

---

[1] Richard Bernstein and Ross H. Munro, *The Coming Conflict with China* (New York: Knopf, 1997)；亦可參閱 Michael Pillsbury 針對中國軍事和戰略智庫看法所作的相關文章。

中國的新戰略將無可避免地促使美國成為中國長期的戰略對手或敵人。中國領導人和其策士認為，在過去超過一世紀以來美國在東亞地區最重要的戰略就是權力平衡，並將其視為是美國最重要的戰略利益，而此一大戰略和中國意圖之間卻有著直接的衝突存在。

於此同時，中國也開始在戰術層次上採取壓迫式的外交作為和軍事上的冒險主義，藉此以遂其新的戰略目標。例如，中國要求日本針對二次大戰的侵略行徑作出更"誠摯"的道歉，並宣稱日本已完全喪失其以獨立軍事力量自衛的道德權利。中國在黃海的國際水域對美國小鷹號航母（USS Kitty Hawk）的言語挑釁顯示中國對美國亞太駐軍的敵對態度。中國從菲律賓手中奪取位於南中國海的美濟礁（Mischief Reef）的舉措更突顯出中國將南中國海視為是中國內湖的法律立場。而其中最激烈的作為當屬中國對台灣所進行的大規模軍事演習。

本文的論點相當簡單而直接：儘管過去數年間中國的挑釁式戰術作為似乎已有收斂的現象，北京並以此新的國際姿態贏得了溫和、彈性和負責任國家的聲望，但事實上中國高層的大戰略則從未改變。中國仍積極刻意地尋求建立東亞地區的霸權，並將美國視為是最主要和長期的戰略對手。事實上，正是因為中國在其外交和軍事策略中所巧妙隱含的詭詐性，這對美國而言反而是一項警訊。

所幸吾人仍可透過中國官方媒體對其政治、軍事、技術和經濟的核心幹部所傳達的信息來解讀中國大戰略的真正意涵。

自 1997 年起，所有出現在中國重要和官方刊物的戰略論述，[2]至少都隱約地指出中國的戰略目標是建立起中國在東亞地區的霸權地位，並將美國視為是最主要和長期的戰略對手，而這樣的論述正好就和《即將到來的美中衝突》一書的論斷不謀而合。有鑒於此，本文將透過對許多來自於中國官方媒體文章的引述，來凸顯中國並未改變其過去十年來之國家大戰略的事實，所不同的只是中國在隱藏其戰略意圖時更費周章而已。[3]

若和 1997 年相較，我們對於中國大戰略目標和其所衍生之戰術兩者的差異性有了更深的認識。自從 1990 年初中國領導人針對新的大戰略和戰略意圖達成共識之後，中國高層對此基本上就已定調，而只會在戰術的層面出現鷹派和鴿派勢力的消長起伏。

針對戰術上的爭辯，其實無論是鷹派或鴿派都會同意，處在目前發展經濟的階段，中國應極力避免與美國發生嚴重的衝突，否則將對美中雙方的貿易和投資造成不利的影響。不過在 1990 年代大部分時期是由鷹派佔了上風。鷹派長期主張應在不危及兩國貿易關係的情況下對美採取較強硬，甚至是敵對的立場。特別是自 1994 年柯林頓政府決定將人權問題與貿易脫勾之後，鷹派的論述更獲得了有力的事實支持。

---

[2] 參閱翻譯。

[3] 對一向以善意角度解釋北京動機的人士可能會認爲，這些文章都只是某些激進份子的論述而已，並不能代表北京領導階層的戰略共識。但是當中國外長和中央黨校高層在大部分權威性的黨政文件中引述這樣的言論時，對於他們的說法就不能不嚴肅以對。事實上，在中國幾千年以來的戰略文化中，一向都強調所謂的兵不厭詐與出其不意，因此中國會隱藏其對美國的敵意並不令人意外。

中國的挫敗

早在 1997 年中國高層間就出現了質疑鷹派作為的另類聲音，隨後鴿派的主張開始逐漸抬頭。中國自從美濟礁和 1996 年的導彈事件之後，就沒有再進一步的軍事冒險作為，此一事實顯示中國在戰術上的確有了部分退卻的跡象。不過這只是中國在遭遇一連串外交挫折，特別是在「九一一」事件後的外交大挫敗後，所改採的更為和解、溫和且足以誤導世人的戰術作為。

以下就針對中國所遭遇的外交挫敗作一簡單的回顧：

(1) 當 1996 年春中國以台海軍演和導彈試射對台恫嚇時，美國以軍力展示作為回應的作法著實讓中國大吃一驚。

(2) 1997 年所發生的亞洲金融風暴讓中國對其經濟的脆弱性有了重新的認識。中國瞭解她必須避免採取任何可能危及國外投資和對外出口的對外舉措，否則勢必會對其經濟成長造成不利的影響。

(3) 1990 年代末期之後，美國和亞太各國對於過去幾年來中國高層挑釁行徑的反彈日益明顯。這些反彈包括了：

- 台灣：台灣李登輝總統成功的反制了中國的壓迫式外交；而在 2000 年的總統大選中，台灣選民則對中國反對陳水扁的威脅加以抵制；
- 日本：民意調查顯示日本民眾對中國的敵意加深，進而支持加強美日間的同盟關係；

- 美國：美國對中國的國力與意圖的關切日益升高，1999 年小布希總統再將中國視為是戰略競爭者。

(4) 2001 年春可說是美中關係的大轉捩點。布希政府公開採取若干步驟展現其維持東亞地區均勢的決心。這些作為包括：美國加強了對台灣的承諾[4] 和與日本的同盟關係、開始建立與印度的戰略關係、啟動與俄羅斯的新和解，以及透露出將加強在關島駐軍的計畫。就在這幾個月當中，美國大幅提昇了她在亞太地區相對於中國的戰略優勢與地位。

「九一一」事件後情勢逆轉

正如許多觀察家所言，「九一一」事件造成對中國情勢的逆轉。其中最重要的當屬俄羅斯總統普亭（Vladimir Putin）積極與美國就反恐戰爭進行結盟，此舉顯示出中國和俄羅斯關係的大幅倒退。

---

[4] 在「九一一」事件之前，布希政府就以迅雷不及掩耳的速度採行了若干中國所一向反對的政策作爲。美國加強了對台灣的承諾，除了承諾美國將在中國武力犯台時竭盡所能（whatever it take）協防台灣之外，並且對台灣出售了前幾任政府所不願出售的先進武器。此外，美國亦不顧中國的極力反對而廢止了「反彈道飛彈條約」（ABM treaty），並加速了飛彈防禦系統的發展。布希政府透過這一連串已成既成事實的政策作爲，避免了前幾任政府給予中國談判空間的錯誤。當「九一一」事件發生後，由於美國已在美中關係上取得了較一年前更強勢的位置，因此美國才有了足夠的運作空間可與中國就反恐議題進行戰術性的和解，而且不必犧牲美國在亞太地區的重要利益。

因此若干美國主流中國學者認爲，小布希政府的中國政策已從剛開始的鷹派作風又回歸到和柯林頓相同政策作爲，這樣的論點其實是相當膚淺的。至少截至目前爲止，美國保守派的地位仍然受到貶抑。

由於普亭支持美國在中亞共和國駐軍，迫使中國必須在其邊界上面對美軍的威脅。這是韓戰以來的第一次。於此同時，中國的老盟友巴基斯坦也與美國重新建立了軍事和戰略關係。

對中國而言，「九一一」事件的最大影響還是在於它使中國在冷戰結束後所取得的大幅戰略優勢地位為之頓挫。就在 2001 年夏天，也就是「九一一」事件前的幾個星期，江澤民才剛與普亭簽訂了「睦鄰友好合作關係條約」(The Treaty on Good-Neighborly Relations, Friendship and Cooperation)，並與中亞各國簽署了「上海合作組織正常化協定」，藉此達到共同打擊恐怖主義和維持區域穩定的目的。

大部分的西方分析家均認為，中俄兩國已建立事實上的戰略同盟架構，並將美國視為兩國的共同敵人。儘管分析家對於中俄合作的進度看法不同，但卻一致同意兩國的確是朝著這樣的目標前進，而中國正是推動發展這種關係的主要力量，以此作為中國達到其戰略目標的重要步驟。俄羅斯和中國共同宣布反對霸權並支持多極國際新秩序的作法，將可遏制美國勢力的發展。總之，上述兩項協定除了展示中俄兩國對中亞地區的戰略共管地位（strategic condominium）外，更賦予了中國將來以反恐為名對中亞地區進行軍事干預的法理基礎。

「九一一」事件後，由於普亭背棄北京並轉向支持美國的反恐，中國原先所取得的戰略優勢地位也因此嘎然而止。2001 年至 2002 年初北京方面的相關戰略文章也一致認為中國遭遇了重大的戰略挫敗。

「九一一」事件後江澤民的失策

為了扭轉此一局面，江澤民在 9 月 18 號作了一次輕率的孤注一擲。當天他分別向普亭、法國總統席哈克（Jacques Chirac）和英國首相布萊爾（Tony Blair）通了電話。江澤民魯莽地向他們提出了共組實質反美同盟的提議，以便藉此要求美國在進行任何反恐的軍事行動前都必須先徵得安理會的同意。江還進一步主張，除非美國取得了無可辯駁的證據足以確認摧毀世貿大樓的元兇，否則不應同意美國進行軍事報復。此外至少在其中的一通對話中，江還暗示安理會成員應介入此事，以確保美國只對明確的目標進行攻擊。[5]

江澤民魯莽的反美提議很快就在其他三國領袖的拒絕下完全失敗。不過中國立即就改弦易轍。在之後的幾星期內，中國官員對美國訪客就口徑一致地表示，當江澤民在電視上看到「九一一」的慘劇後，立刻就指示將和美國在反恐上進行完全的合作。的確，江很快就以電話向小布希表達了同情和支持之意，但他們卻對江企圖利用「九一一」事件以發展多極主義一事隻字未提。

上述事件的重要性在於它凸顯出中國在國際作為上的機會主義性格。儘管中國目前在戰術上採取了相當謹慎的態度，但中國的戰

[5] 參閱：〈http://english.peoplesdaily.com.cn/200109/18/eng20010918 80518.html〉and Tyler, Patrick E., and Jane Perlez, "World Leaders List Conditions on Cooperation," *New York Times* (19 September 2001).

略目標卻從未動搖，只要一有適當發展其戰略目標的機會絕不輕易放過。

中國新的戰術作為

從中國媒體在 2001 年底至 2002 年全年所發表的相關文章中可知，中國領導人和其策士對於戰略挫敗已有了深刻的認識，並一致認為中國必須改採戰術上的守勢。事實上在 2001 年年底中國就已經明確地採取了新的溫和妥協的戰術立場。不過基於現實戰略的考量下，中國不願明顯表態。換言之，中國是在挑釁式的外交戰術挫敗之後才被迫改採了現在的溫和策略！

從 2002 年底開始，中國開始致力於扮演好一個合作鄰國的角色，並更加依賴經濟上的優勢來達成其戰略目標。當然，這些都已淪為中國官方宣傳的一部份，並謊稱這些都是中國政策的一部份。儘管中國表示不再採取壓迫式外交和軍事冒進主義作為，而應盡可能地改採務實的外交策略。然而本文的核心邏輯卻認定：只要情勢一有好轉，中國還是會回到原本挑釁式外交戰術的老路。

當中國新戰術的決策定調之後，北京仍必須向其國內幹部和國外主要反美國家的領導人發出這樣的信息：即便是中國在戰術上改採守勢，但中國的大戰略絕不會因此而有絲毫的改變。

例如，在 2002 年 2 月的「解放軍報」中就有如下的評論報導：「霸權主義和權力政治仍是製造世界問題和不穩定的主要原因。由於國際間戰略力量的不均衡，國際社會迄今仍無法發展出足以阻止霸權干預或侵略的力量或機制。因此，在可預見的未來，雖然發生另一場世界大戰的可能性並不高，但是爆發區域性戰爭和衝突的危險卻仍然存在，整個世界並不和平。」

「建立新的國際秩序是國際關係的焦點所在，多極體系將有助於維持全球戰略佈局的穩定、遏止霸權主義的出現、促進大國關係的協調，以及降低全球安全情勢的不確定性與不穩定」。[6]

而就在中國重新調整其外交戰術後不久，江澤民立即前往包括伊朗和利比亞等國訪問，其目的當然是為了鞏固中國與其他反美國家之間的關係。中國向這些國家保證，儘管中國在戰術上採取守勢，但反美和尋求多極世界的長期戰略目標並未因此而有所改變。中國官方的說法則是：此次的高層出訪是在新情勢下增進中國獨立和平外交政策的重要步驟。江澤民向這些領袖保證，中國仍將持續地反對霸權主義。[7]

江澤民在伊朗向總統哈塔米（Mohammed Khatami）保證，同為發展中國家一員的中伊兩國在許多國際和區域問題上形成一定的共識。

江澤民表示：「中國已準備好和伊朗及其他國家發展對話和合作關係，藉此建立新的且符合公平的政治與經濟世界新秩序。在維

---

[6] Lu Baosheng: "A New Configuration, New Challenges, and New Opportunities--How to Understand the Post-"September 11" International Strategic Configuration" *Beijing Jiefangjun Bao (Internet Version-WWW) in Chinese 06 Feb 2002,* P .5

[7] 阮宗澤，「從中國領導人近期出訪看中國外交」，《瞭望新聞週刊》，第 17 期（2002 年 4 月 22 日），頁 4-5。

持多極體系不變的同時，和平與發展仍是主要的目標。中國反對任何形式的霸權或恐怖主義，藉以維持世界和平和增進共同發展。」[8]

對中國和伊朗而言，主張多極體系的主要目的在於降低美國的相對力量，並運用諸如安理會等國際機制的力量來限制美國軍事行動的自由。

儘管在這樣炫麗的包裝下，但依然無法掩蓋中國企圖運用多極世界倡議來發展東亞霸權的戰略意圖。例如，我們可從中國所認定日本在新多極世界應扮演的角色中看出端倪。中國認為日本應切斷與美國之間的戰略同盟，而個別地成為世界上的單獨一極。但是日本不能擁有獨斷的軍事力量，更不能部署核武器。總之，日本不能成為一個足以單獨對抗中國霸權的國家。

對日關係的新主張

而從目前中國針對中日關係所進行的精彩論辨中，亦可看出「九一一」事件之後中國戰術和戰略思維內涵。此一辯論始自於 2003 年初由大陸學者時殷宏所發表的一篇呼籲重新思考中日關係的文章。[9]

在這篇文章中，時殷宏教授呼籲北京領導階層應開始尋求中日之間的真正和解，或至少暫時放下反日的歷史仇恨、增進對日貿易與投資關係、對日本的建軍加以容忍，並將日本視為是一個主要的強權國家。儘管這樣的激進主張遭到了強烈的批評，但時教授強調，

---

[8] Xinhua: Jiang Zemin, “Khatami Discuss Iraq, Afghanistan, Palestinian Issue”, *Beijing Xinhua in English 1312 GMT 20 Apr 02* from Tehran. FBIS 20 April 2002

[9] 時殷宏，「中日接近與外交革命」，《戰略與管理》，第 2 期（2003 年 2 月）。

此項新作為的重點在於對日和解將有助於中國戰略目標的達成。中國的戰略位置和對美關係都將因此而增強，因為中日兩國的和解意謂著中國將更能將精力集中處理來自美國的潛在壓力與威脅。

2003 年 8 月份人民日報上一篇由林志波先生所寫的文章則針對時教授的論點進行了主要的批判。該文認為中國與其透過對日本的和解來處理美中問題，倒不如直接從美國下手更為直接；換言之，因應美國圍堵中國政策的最佳方式就是直接對美國採取友好政策。文中指出：「如果今日國際的現實迫使我們不得不韜光養晦以待天時的話，那麼這種策略也只能適用於美中關係，卻決不能用於對日關係之上。」[10]

總之，儘管上述兩位學者的見解有所歧異，但卻一致將美國視為是中國的戰略對手，並認為中國的政策仍不應放棄其企圖削弱美國的核心目標。

中國戰術退守與對區域關係的重視

不管北京所採取的戰術和戰略為何，但中國不論是在領土、人口和經濟實力上都遠遠超出鄰國甚多。不過基於對陸上鄰國關係的重視，中國從 1990 年代初就刻意擴大對這些鄰國的優勢。中國透過其所擁有的自然優勢，已建立了對這些國家一定的影響力，這些都是在中國刻意營造下所得到的結果。

---

[10] 林志波，「有關對日關係新思維的進一步質疑」，《人民日報》（2003 年 8 月 15 日）。

不過有鑑於「九一一」事件後中國所採取的新戰術，除了陸上鄰國之外，中國也開始重視與周邊海洋鄰國的關係。中國官方開始經常提及中國的周邊戰略。一篇在「九一一」事件後三個月所發表有關後「九一一」時期中國外交政策變化的文章中，就特別表達對中國原則同意與東協國家建立自由貿易區決定的支持，但卻同時強調中國的長遠戰略目標也絕不能輕言放棄：

「中國大周邊外交的主要特質在於建立中國在亞太地區的踏板，藉以放眼於整個世界。因此中國必須從戰略的角度來看待她與周邊國家的關係」。[11]

中國在對美國關係上的虛以委蛇

中國官方媒體經常提及美國霸權主義對於中國的威脅。即便是那些以建設性或合作性等正面措辭來形容美中關係的官方聲明，其實也只是專供中國外銷的外交辭令而已。這些聲明的措辭都相當謹慎，而基本上仍與中國敵視美國的長期戰略目標一脈相承。[12]

在中國處理對美關係上，「詭詐」(deception)一向扮演了重要的角色。2003 年初中共中央黨校常務副校長虞云耀就指出，目前中國最重要的原則就是韜光養晦以待天時。他解釋道：所謂韜光是指隱藏中國的實力與意圖；養晦是指克服所有可能的困難以等待良機。

[11] 阮宗澤，「中國的高層外交」，《瞭望新聞週刊》，第 50 期（2001 年 12 月 10日），頁4。

[12] 「外交部長唐家璇年終訪問：致力開創新世紀中國外交工作的新形勢」，《人民日報網路版》（2002 年 12 月 16 日），頁 7。

但這並不表示中國處於被動，事實上這正是最高欺敵戰略的一環。這裡所說的敵人很明顯是指美國。[13]

中共中央黨校的李忠杰也明確指出了隱密和詭詐對於完成中國戰略目標的重要性。試看以下這段洋洋得意的表述：

作者問道：「... 為何在中國黨和國家的重要官方文件上都不使用外交戰略和國際戰略的概念？」

「這或許是因為中國的國力有限而無法擬定更為全面的整體戰略計畫？也可能是因為中國藉著在國際上保持低姿態以韜光養晦？甚至也可能是一項只能內部知曉秘而不宣戰略。」

「韜光的意思是隱藏一個人的名望和能力；養誨的意思則是指暫時的退讓以待天時。韜光養誨的意思就是隱藏實力避免引起關注。而在這裡的意思就是隱藏實力、壓低姿態，並在不引起外界的注意的情況下盡量累積本身的力量。」

「依據這樣的戰略，我們應該對外維持謙遜的外交作為，多幹些能夠累積實力的實事，並適當地處理國內的事務。」[14]

---

[13] 虞云耀，「韜光養晦的時代意義」，《瞭望新聞週刊》，第 11 期（2003 年 3 月 17 日），頁 42-43。

[14] 李忠杰，「我國需要更高層次的國際戰略」，《瞭望新聞週刊》，第 32 期（2002 年 8 月 5 日），頁 22-30。

發展經濟仍為中國的優先目標？

儘管如此，某些以善意解讀中國戰略意圖的學者仍然認為，上述的說法只是在中國發展經濟的同時，作為安撫中國軍方的一套說詞。他們指出中國已一再表示目前是以發展經濟為首要目標，而維持國內和區域的穩定則是經濟快速成長的必要條件。

中國大陸學者李忠杰正是這樣說法的主要代表。他說：「... 中國本世紀國際戰略的主要目標應是致力於維持利於中國推動社會主義現代化和建設的國際環境、保衛中國安全和國家利益，以及增進世界和平、發展與進步。」[15]

但中國的戰略目標其實在 1990 年代初採取軍事冒進主義時就已清楚表態了。這些美國的中國專家所常犯的錯誤就是假設中國高層亦認為經濟發展和軍事冒進是兩項魚與熊掌不可兼得的目標。如果因此就斷定中國會為了經濟發展而不採取挑釁式的軍事作為根本是大錯特錯。事實上，中國一向都對外宣稱中國是個愛好和平厭惡戰爭的國家。

從 1990 年代初期以後所發生的諸多事件顯示，只要是在不影響中國經濟發展的前提下，中國就會採取軍事上的挑釁行動。正如美國學者金德芳（June Dreyer）所言，北京對付其鄰國或美國的行為模式其實是一種不斷試驗的過程 ，中國透過不斷的進逼來試探這些國家的底線，藉此獲取中國的最大利益。而正如我們所見，目前北京

[15] Ibid.

所採取的策略是一種收斂的政策作為，但我們不知道這種策略究竟能夠維持多久。

或許中國前外長唐家璇的說法可以給我們一點這方面的靈感。去年他提出了「有中國特色的大國外交」(great power diplomacy with Chinese characteristics)[16]的主張。這樣的說法頗值得注意。正如同中國高層宣稱中國經濟的對外開放是一種有中國特色的社會主義一樣，未來中國也可以運用這樣委婉的說詞來解釋中國的作為並不是在搞國際上的權力政治，藉以避免它所可能遭受到的國際責難。

---

16 「外交部長唐家璇年終訪問：致力開創新世紀中國外交工作的新形勢」，《人民日報網路版》（2002 年 12 月 16 日），頁 7。

中國的挑戰與台灣的現實

鄭端耀

世界上或許再也沒有一個國家像台灣一樣，這麼直接且強烈地面對來自中國的威脅。眾所周知，自從中華人民共和國於 1949 年建政之後，數十年來從未放棄佔領或統一台灣的圖謀。中國從未承認中華民國的存在，並且用盡一切手段封殺台灣的國際人格。此外，中國也從未放棄以武力解放台灣的企圖。事實上在這段時間內，中國分別於 1954 年、1958 年和 1996 年製造了三次的台海危機。

毫無疑問地，中國的快速興起帶給台灣前所未有的壓力和挑戰。就軍事層面而言，台灣在中國大規模建軍的陰影下更加脆弱。中國所部署瞄準台灣的 450 枚導彈成為台灣最迫切的安全問題。許多軍事分析家都預期，如果以目前的速度發展，中國將於 2008-2010 年之間在各軍事領域領先台灣，台海兩岸的軍力平衡態勢也將因此打破。[1]就經濟層面而言，中國在過去十年中以每年百分之九的經濟成長速度成為全球經濟發展最快的國家。相反地，台灣的經濟則陷入了低點，過去三年每年大約只有百分之一的經濟成長。如果沒有來自中國大陸大量貿易盈餘的資助，台灣已成為了貿易赤字的國家。[2]目前中國大陸已成為台灣除了美國之外的最大的出口市場。再就外交層面而言，台灣的對外關係持續地陷入困境。台北喪失了馬

---

[1] David Shambaugh, *Modernizing China's Military: Progress, Problems and Prospects* (Berkeley: University of California University Press, 2003), p. 414.

[2] 中華民國經濟部國際貿易局，兩岸經貿關係 2003 年 10 月，參閱：〈http://www.trade.gov.tw/prc&hk/bi-ch/mo-index.htm.〉

其頓（2001 年）、諾魯（2002 年）和賴比瑞亞（2003 年）等三個友邦，使得台灣有限的邦交國數目由 29 個降至 27 個。過去幾年台灣在參加國際組織方面也一無所獲，連最近所申請加入的「世界衛生組織」(World Health Organization, WHO)也鎩羽而歸。

因此，一個正在興起的中國究竟將會對台灣帶來何種影響？台灣會如何理解和回應中國的威脅？台灣的政治現實以及因應中國挑戰的能力為何？中國的興起是否會對台美關係帶來衝擊？以及面對兩岸關係的瞬息萬變，台灣又應如何加以因應？本文將針對上述的問題進行討論。

有關面對中國興起的各種主張

儘管中國的興起引起了世人對台灣問題的關切，不過各界對於有關中國興起意涵解讀卻相當分歧。台灣社會的多元特質也正好反映在此一議題之上。在有關如何認知中國的威脅、台灣的政治定位，以及如何因應中國的興起等三大問題上，不同的團體都有各自的主張。這些主張基本上可區分為一中派、中華民國派和台獨派等三大派別。

一中派的人士認為，中國的興起是一個正面的發展態勢，全球的華人都應對此表示歡迎。只要台灣不追求或宣布台灣獨立，一個強大的中國對台灣並不構成威脅。事實上，為了促進台灣的經濟發展和增加對中國大陸的影響力，台灣應該好好利用這樣的機會，並表態支持這樣的發展態勢。因此此派人士呼籲政府應開放三通，他們認為更頻繁的兩岸經貿互動將對台灣越有利；相反地，他們反對台灣政府向美國或其他國家購買大量軍火。台灣不能在承受購買軍火的龐大花費，而這些軍火也無助於台灣的安全。

儘管一中派支持台灣與中國統一，但他們認為這樣的問題應留給後代子孫解決。他們對共產制度並不信任，並希望有朝一日中國也能出現民主的制度，但這應留待時間來解決，而不必去招惹不必要的麻煩。對台灣而言，現階段最重要的工作是如何趕上這波由中國所帶動的經濟成長趨勢。台獨運動則是他們最不願看到的情況。他們認為，台獨不僅會傷害台灣的經濟發展，並且會引發海峽兩岸的直接對抗。

一中派的論述主要是外省人和其第二代的所支持，持這樣觀點的本土台灣人為數不多。就政黨分佈而言，「國民黨」、「新黨」和某些「親民黨」的人士較為支持這樣的論點。我們很難估計支持這樣主張的人數究竟有多少，但在比例上大體而言應為百分之十五左右。這批人同時認為自己是在台灣的中國人。

第二種看法則是所謂中華民國派的主張。為了維持現狀，此派人士支持以中華民國的名稱來代表他們的國家。他們認為中華民國的繼續生存發展應最能符合全體台灣人的最大利益。他們指出，無論是從軍事或其他任何層面而言，中國的興起都是一項真正的威脅。台灣必須嚴肅看待來自中國的挑戰，並且採取必要的措施來處理這樣的問題。此派人士大多對台灣的未來感到憂慮和不確定，甚至認為時間並不在台灣這邊。因此他們主張面對中國的挑戰，政府應妥善加以因應。

如果再就應如何面對中國興起的角度而言，此派基本上又可分成兩種主要不同的政治立場。第一種是調適派（accommodative），第二種則是有限接觸派。調適派是從比較務實的角度來處理中國興起的問題。基於中國國力日漸增強的事實和對國際社會的影響力，台灣將很難和中國進行對抗。因此，台灣必須能夠靈活地適應這樣的國際現實，並且維持台灣的活力與競爭力。台灣必須繼續致力於增強本身在軍事和經濟方面的實力。此外，台灣亦應運用中國大陸的市場與廉價勞工，並且降低中國對台灣的敵意，藉此為台灣換取更多的時間與空間。因此，就經濟層面而言，他們呼籲開放三通，因為這將有利於台灣的經濟發展。就政治層面而言，他們則支持政府在一中各表的「九二共識」的基礎上與中國進行政府對政府的對話。而就軍事層面而言，他們則認為在缺乏經費和防禦計畫的情況下，台灣應減緩先進武器的進口，而將精力集中在軍事改革、消化先前所進口的武器和增加攻擊的能力。

其次，有限接觸派對中國的興起則持較為謹慎的態度。儘管他們對中國在經濟和軍事上的增長有所認識，但卻質疑中國是否能一直維持這樣的發展速度。而對於中國大陸在政治和經濟方面的穩定他們則不表樂觀，因為不平衡的經濟發展之後緊接而來的就是對政治參與和經濟福利要求的大幅增加。這些都是中國必須面對的挑戰。他們認為台灣必須增加對抗中國的力量，提升在政治民主化、高科技產品和導彈防禦等方面的能力。更重要的是，台灣必須保持對大陸的警覺和維持台灣與大陸之間的差異性。兩岸之間過於頻繁的互動將使台灣民眾喪失戰鬥意志。 因此他們呼籲有限度的與中國進行接觸。假如必須開放三通，他們認為應針對台灣對大陸的貿易、人員和安全活動進行有效的管理或監控。就政治層面而言，他們不接受在「一個中國」或「九二共識」的原則下與中國進行對話。此外，在軍事方面，台灣必須持續採購武器，而美國的支持也是台灣安全的重要憑藉。

大體而言，調適派在很大的程度上所反映出的就是「國民黨」和「親民黨」主張。這也是絕大部分外省人和若干本土台灣人對大陸所持的開放態度。若就職業和社會背景而言，經貿團體、大公司、軍人和從事與國際業務之類的人士比較傾向支持這樣的主張。就地域而言，北台灣的支持度比南台灣高。一般而言，此派在國家認同上同時認為自己是中國人和台灣人。相對地，有限接觸派所反映的則是本土派國民黨和溫和派民進黨人士的看法。這樣的看法也比較容易獲得本土台灣人的青睞。就社會背景而言，支持此派主張的人士多屬在地商人、勞工、農人和年輕一代。就地域而言，南台灣比北台灣更支持這樣的主張。整體而言，支持中華民國派立場的人數約佔台灣總人口數的60%~70%之間。

最後一個則是台獨派的主張。和前兩個派別都傾向與中國大陸維持某種關係不同的是，台獨派認為應切斷所有與中國大陸的聯繫。台灣過去五十年所受的苦難都是由與中國有關。除非台灣獨立，否則只要台灣仍然屬於中國，台灣的苦難就永遠沒有終止的一天。

中國大陸的興起毫無疑問地使台獨派有了時間上的壓迫感。他們認為一旦中國羽翼豐滿之後，台獨將更難達成。他們呼籲政府應透過包括去中國化、本土化、公民投票和制訂新憲等方式來加速台灣獨立的進程。他們似乎相信，台灣的民意支持是對抗中國最強有力的武器。此外，此派也肯定美國的支持對台灣安全和台獨建國的重要性。因此他們主張應與美國建立更親密的關係與採購更多的先進武器。

台獨派的主要支持者為本土的台灣人。外省人支持台獨的很少。就政黨分佈而言，「台灣團結聯盟」和大部分的民進黨人都採取這樣的立場。他們在國家認同上則只認為自己是台灣人。台獨派的人數佔總人口比例約 20%，但卻主導了目前台灣政壇的發展。

台灣化運動的興起

相當有趣地，中國的興起和台灣的民主化幾乎是在同一時間內發生的。台灣的民主化始自蔣經國總統時代的最後幾年。蔣解除了黨禁並開放了國會層次的選舉。在李登輝時代民主化的發展更為迅速。李推動了 1996 年總統的直接民選。緊接著在 2000 年當選總統的陳水扁則是反對黨的第一位總統。台灣快速的民主化進程毫無疑問地造成了台灣在政治和社會體系上的巨變。這些變化包括了：台灣的政治權力變得更為分散、社會團體興起並積極地參與政治活動，人民對公共議題的熱中和經常要求政策轉變。

台灣的民主化促成了島內一個重要的政治發展，那就是所謂的台灣化運動。基本上台灣族群中最大的一個族群台灣人（閩南人）約佔了台灣人口的 70%。過去，由於「國民黨」是由少數的外省人掌控，台灣人參政的很少。不過由於民主的發展，他們很快地就掌握了台灣政治的主導權。李登輝和陳水扁都屬於台灣人。因此隨著台灣的民主化伴隨而產生了台灣化的運動其實並不令人意外。在過去十五年由台灣人掌政時期，他們試圖淡化或解構由 1949 年來自大陸的「國民黨」政府所建立的中國認同，而改由台灣本土特質來加以取代。例如提倡台灣話、更改教科書，以及將許多公眾組織的名稱由中國改為台灣。儘管這些作為對台灣人民的影響尚難論斷，但卻對目前的台灣政局和兩岸關係產生了明顯的影響。

此外，台灣的民主化也帶來了台灣民眾對於國家自主性的期待。台灣在外交上的孤立是所有台灣人長期以來的痛苦經驗。他們認為就好像所有其他的國家一樣，參與國際社會是台灣應有的權利。他們支持政府投入更多的力量來突破外交上的孤立和加入國際組織。於此同時，越來越多的台灣人瞭解或接受了這樣的一個命題，那就是只要一個中國政策繼續存在，台灣就永遠沒有國際生存的空間。因此他們要求政府放棄一個中國政策，並挑戰國際上的一個中國架構。另一種更為激進的主張則認為，除非台灣和中國大陸永遠脫離，否則問題沒有解決的一天。

毫無疑問的，上述的三大派別，特別是其中兩派的主張和中國的利益有所衝突。台灣化運動的持續推動也勢必將引起認同問題和侵蝕中國在島內的影響力，而台灣自主性的要求也會增進台獨運動的發展。因此許多人士認為，如果這樣的發展趨勢不變的話，無論是兩岸關係或台灣安全都會出現危機。不過也有人持相反的觀點，認為這樣的趨勢所代表的是台灣人勢力的出頭，而能夠促進台灣人的團結，並以此來與中國抗衡。

台美關係

中國的興起也對台美關係造成了限制，台灣變得更依賴於美國的協助。在承諾給予台灣安全支持的同時，小布希政府期望台灣更致力於國防的建設和加速武器的採購。就在幾個月前，美國才抱怨過台北在國防建設和軍事現代化的步調上過於緩慢。美國亦對台灣在國防和武器採購的決心表示懷疑，2001 年 4 月布希政府批准了一批大規模的對台軍售，其中包括了四艘驅逐艦、八艘潛艇和十二架的反潛機。美國認為此舉代表了美國對台灣的承諾。但是兩年半過去了，台灣只決定訂購四艘驅逐艦，其他的採購則尚未確定。布希政府對於台灣遲未定案的情況已感到不耐，並要求台灣採取必要的行動。[3]美國許多親台的學者也認為台灣採購武器的速度太慢，[4]甚至對此感到驚訝、失望和憤怒。[5]

台灣武器採購延宕的原因很多。就政治層面而言，執政黨面對了在野黨的強烈挑戰而無法確保採購預算在立法院過關。自從陳水扁當權以來，他所屬的政黨一直都無法取得國會的多數地位，而且和反對黨之間的關係也相當惡劣。就經濟方面而言，台灣在過去三年的經濟狀況相當糟糕，這段期間平均的年經濟成長率只有1%，這是在過去四十年來從未有過的情況。經濟成長的遲滯也就連帶造成政府的財政失衡與赤字激增。此時再要花費大筆經費購買昂貴的武器實在是力有未逮。此外，台灣民意對於購買先進武器的必要性相當分歧。其中的一個反對購買武器的理由認為，台灣軍方對於過去所採購的武器並未做好武器系統的整合，以致一直無法發揮充分的

---

3 Randall Schriver, Deputy Assistant Secretary of State, "U.S.-Taiwan Relations," *U.S. Department of State*, 14 February 2003. See 〈http://www.state.gov/p/eap/rls/rm/2003/17796.htm.〉

4 "Weapons Purchases Too Slow," *Taipei Times*, 28 February 2003. See 〈http://taiwansecurity.org/TT/2003/TT-022803.htm〉; and Nat Bellocchi, "Military Reforms Are Still Too Slow," *Taipei Times*, 7 March 2003. See 〈http://www.taiwansecurity.org/TT/2003/TT-030703.htm〉

5 Chris Cockel, "U.S. Frustrated by ROC's Military Dithering: Scholar," *China Post*, 25 January 2003. See 〈http://taiwansecurity.org/CP/2003/CP-012503-1.htm.〉

戰力，因此目前並沒有再更新武器的必要。他們也抱怨美方所提議購買的武器設備標價太高，超過出售給其他國家價錢甚多。某些人士甚至抱怨台灣根本採購不到真正需要的武器，只能買到美國二手或過時的武器。[6]

就美國的觀點而言，美國認為台灣似乎尚未感受到此一區域戰略環境的變化以及軍事科技變遷的步調。[7]中國軍力的快速增長和自俄羅斯採購的先進武器正在快速地改變兩岸軍力平衡的態勢。中國在海峽對岸所部署的 450 枚導彈對台灣是一項嚴重的威脅。中國一旦發動攻擊，任何美國對台灣的可能協助都將徒勞無功。此外，中國海軍軍力在質與量上的快速擴張，使中國開始有能力在阻止美國航母進入台海的情況下對台灣採取壓迫性的戰術。[8]目前台灣海空軍原有對中國的質量優勢都正在喪失當中。如果台灣不能在未來數年內及時趕上中國軍備更新的步調，且建立起屬於自己的導彈防禦和反潛能力，任何其他的努力都將為時已晚。

美國提醒台灣武器系統的整合必須耗費一段時間，引進一個新的軍事技術所牽涉到的層面甚廣，它包括了複雜的組織更新、人員訓練、裝備維修、技術轉移，以及實際操作等。一旦將這些因素都列入考量之後，美方對台灣缺乏急迫感的不耐與失望也就可想而

---

6 "U.S. Arms Offer Turned Down, Report Claims," *Agence France Presse*, 9 May 2003. See〈http://taiwansecurity.org/AFP/2003/AFP-050903.htm〉; and "Defense Officials Complain about Patriot Missiles," *Taipei Times*, 25 March 2003, p. 7.

7 "Weapons Purchases Too Slow," *Taipei Times*, February 28, 2003. See〈http://taiwansecurity.org/TT/2003/TT-022803.htm〉

8 Ivan Eland, "The China-Taiwan Military Balance Implications for the United States," *Foreign Policy Briefing*, CATO Institute, No. 74 (5 February 2003).

知。許多人認為美方建議的武器售價太高，但這些出售的武器系統其實包含了訓練、技術轉移和裝備補給等一整套的安排在內。[9]美方對於台灣經濟下滑和財政困難的情況也有所瞭解。經濟發展的遲滯雖然的確會使軍備的增長較為困難，但卻也不是完全不可能增加。根本的問題在於台灣政府沒有自衛的決心。[10]事實上，在台灣社會福利和公共服務預算比例持續增加的同時，國防預算的比例卻是下滑。[11]這顯示出台灣政府所仰賴的是美國的安全支援，而不是本身必要的國防投資。[12]

此外，這些批評凸顯了美國國內友台人士對台灣安全的憂慮。他們是一批受過相關安全訓練，且通常被稱為保守主義者或新保守主義者的人士。他們當中有許多人都在小布希政府的外交政策制訂上扮演了重要的角色。他們一般都將中國視為是美國在亞太地區霸權地位的戰略競爭者。他們強調的是增強美國在此一區域盟邦和維持均勢的重要性。[13]目前他們是小布希政府中最支持台灣的一群人。

---

9 Nat Bellocchi, op cit.

10 Peter Brookes, "The Challenges and Imperatives in Taiwan's Defense," *Heritage Lectures*, Heritage Foundation, No. 775, 9 January 2003.

11 "Taiwan Shops for Missiles," *Far Eastern Economic Review*, 15 May 2003, p. 17-8.

12 "U.S. Urges Taiwan to Speed Up Arms Purchases," *Reuters*, 15 February 2003. See 〈http://taiwansecurity.org/Reu/2003/Reuters-021503.htm〉

13 "China Hawk Settles in Neocons' Nest," *Foreign Policy In Focus*, 12 May 2003. See 〈http://taiwansecurity.org/News/2003/FPIF-051203.htm〉; and Gary Schmitt, "Our Ambivalent China Policy," *The Weekly Standard*, Vol. 7, Issue 42, 15 July 2002.

如果他們因為台灣政府的無作為而被迫放棄對台灣支持的話，台灣將因此而陷入更為困難和孤立的處境，而更難以面對中國的威脅。[14]

總之，台美關係仍然處於不錯的狀態，雙方都願意支援對方。但是，小布希政府希望台灣能夠更關心中國擴張的情勢，並且致力於本身防衛力量的增強。美方所提出的三項最優先的武器採購建議，分別是：提升有關指揮、控制、通信、電腦與情報、監視、偵察的能力(C4ISR)、取得愛國者三型反導彈系統(PAC-3)，以及購買獵戶座海上反潛機（P-3C）來增強台灣的反潛能力。[15]美國也要求台灣開放與中國大陸三通，因為如此將有助於台灣經濟和兩岸關係的發展。美國也希望台灣能在國內政治上做到自我克制，不要採取任何可能危及兩岸關係穩定的舉動。

兩岸關係

兩岸關係中一個最有趣的特點在於經濟和政治兩者始終是脫勾發展的。就經濟而言，過去幾年兩岸貿易和人員之間的交流已達到前所未有的高點。不過在政治方面兩岸卻始終相互保持距離，自陳水扁上任迄今，還未進行過政府對政府的接觸。

---

[14] Under the U.S. pressure and heavy lobby activity from the Taiwan government, the Legislative Yuan passed the budget for the purchase of four Kidd-class destroyers in early June. "Budget Cut Gives Green Light to Kidds Deal," *Taipei Times*, 3 June 2003. See〈http://taiwansecurity.org/TT/2003/TT-060303.htm〉

[15] "Sales of Submarines to Taiwan No Longer on U.S. Priority List," *China Post*, 26 June 2003. See〈http://taiwansecurity.org/CP/2003/CP-062603.htm〉

當 1999 年李登輝總統提出他的特殊國與國關係理論後，中國終止了兩岸之間由雙方政府授權機構，亦即「海基會」和「海協會」之間的對話，而自此以後雙方從未再在進行過任何對話。陳水扁於 2000 年當選了總統，但由於「民進黨」傾向台獨的立場使得中國對陳的政治立場有所懷疑。不久，兩岸就陷入了有關一個中國的爭議。北京堅持在重新恢復對話之前，台灣必須接受一個中國的原則。不過台北方面卻認為，一中原則應是一個討論的主題而不應作為恢復對話的前提。對此雙方都不願意讓步，事實上也毫無進展可言。此外，北京方面亦不願與「民進黨」人士有所接觸。即使是後來放寬了限制允許民進黨人士在不公開支持台獨的條件下以私人身份訪問大陸，不過並沒有「民進黨」的高層官員訪問過大陸。

即使如此，台北和北京在政治上的僵局也並沒有減緩兩岸在經濟和社會上的交流。雙方的交流仍然穩定成長。1996 年雙方的貿易額達到 220 億美元，大約台灣貿易總額的 10%。2000 年增加至 320 億美元，佔台灣貿易總額的 11.2%。2002 年則增加至 370 億美元，佔台灣貿易額的 15%。儘管今年大陸爆發了「非典型肺炎」的疫情，不過前七個月的貿易額達到了 245 億美元，超過了去年同期而成長了 16.6%。此外，台灣對大陸的投資總額估計已達 800 億至 1000 億美元。居住在上海的台商及其家屬的人數也達 80 至 100 萬人。

隨著兩岸經貿關係越密切，要求直接三通的呼聲也就越高。在安全和政治的考量下，台灣政府對三通一直持謹慎和放緩的態度。許多政府官員強調，直接三通的問題應從政治脈絡而非單純經濟的角度考量。如果北京仍然對台灣存有敵意，直接三通將對台灣的安全和經濟發展帶來不利的影響。事實上，在 2003 年 8 月政府宣布的「兩岸直航評估報告」中，將三通分成了三個階段，分別是：準備階段、協商階段和執行階段。如果再仔細分析這三個階段的細節，則是在選前推動貨運直航、選後進入協商階段，明年年底則為實施階段。許多批評者懷疑這份報告的可行性，大部分的人相信這只是一種選舉語言而已。

一般認為在短期間內還是無法實現三通，但最終會在下次總統選舉之後實現。三通會在漸進的基礎上從臨時性的三通階段過渡到常規性的三通。不過即使三通在未來一定會實現，但這並不能保證兩岸的政治關係就會因此而變得更好。兩岸關係的好壞將取決於許多因素而定，例如中國的政治發展、中國的對台政策、台灣的國內政治、亞太區域政治等因素。因此互賴理論中所強調，經濟關係越緊密，將會促使政治關係更和諧的論點恐怕在兩岸關係上並不適用。

結論

對台灣而言，毫無疑問的出現了一個正在興起中的中國。台灣內部對於究竟應如何針對這項威脅進行解讀和因應則有不同的看法。或許是因為民意和國內政治的分歧，台灣並沒有擬定出一套應付中國威脅的國家全面戰略。台灣政府的精力一直集中在國內政治、政黨惡鬥和國家認同的問題上，而對於此一由中國所帶來的新的政治現實並不關心。於此同時，台灣已在過去十年間經歷了前所未有的民主化進程，也因此出現了要求台灣化和國家自主性的呼聲。即便如此，就某種程度而言，這些要求和中國的利益是相衝突的，有時甚至為台美關係製造麻煩。這些已成為台灣的政治現實。因此無論是誰選上台灣下屆總統，他都必須針對這些變化中的政治趨勢做出妥適的因應。

日本的威脅：認知與回應

Tomohide Murai（村井友秀）

冷戰與區域衝突

今天世界上所發生的各種歷史、種族和區域衝突都已和共產主義或資本主義的意識型態無關。冷戰期間的衝突基本上必須從共產主義或資本主義的脈絡中去解讀，因此所有的衝突都被視為是一種具有共產主義或帝國主義侵略意涵的衝突模式。這些衝突除了直接與意識型態的對立有關外，並間接地與核子戰爭亦有所關連性。因此，冷戰時期任何的戰爭都很難避免超級強國的干預。冷戰體系下成功的壓制了各種區域衝突爆發的可能性。

但是二次大戰結束之後，全世界經歷了一場根本性的政治變遷。冷戰的體系已蕩然無存，俄羅斯不再是美國的敵人。過去超級強國所擁有足以抑制區域或歷史衝突的龐大政治和軍事影響力也正在下降當中。儘管我們不能否認全球再度出現長期性區域衝突的可能性，但國家主義和種族主義正在取代過去意識型態的對抗而成為引發衝突的主要原因。然而東亞地區冷戰的陰霾卻似乎依然存在，而且對立的情勢更加複雜。

日本的世界觀

日本的現代歷史產生了日本的世界觀。二次大戰的歷史記憶則塑造了日本的戰後心靈。二次大戰之後，與日本社會黨和共產黨有著密切關係的「日本教師聯盟」(Japan Teacher’s Union)就開始熱中地教育日本的年輕學生，日本的軍國主義是製造戰爭悲劇的罪魁禍首，而確保和平的最佳方式就是維持日本的疆域並對日本的戰爭行為作出道歉。他們認為日本的國家主義是日本的邪惡象徵，而國家主義和軍國主義兩者可說是一體的兩面。因此，即便到了今天他們仍然主張禁止在日本的學校內舉行升旗典禮。此外，有一種說法認為日本的大學教授都是傾向於同情馬克斯主義，他們對日本的現代歷史提出了嚴厲的批評。在今天針對日本現代史的解釋，只有少數的報紙從辯解的角度來解讀，大部分的大報對於日本的現代史都是感到羞愧抱歉。受到這些大眾媒體的影響，一般的日本民眾也是採取相同的立場。

若干老一輩的日本人仍然相信日本的價值，但是這些人勢將宛如是"活化石"般地走入歷史。絕大部分的日本人相信的是戰後的日本價值，例如和平和民主，而對日本的軍國主義和侵略政策採取排拒的態度。在日本的選舉中，倡導軍國主義的團體所獲得的選票不超過0.5%。

即便到了今天，戰爭帶給日本人的痛苦仍記憶猶新，為了減輕和平衡這種罪孽感，日本出現了所謂「受難者情結」(victim complex)的慰藉心態。二次大戰中日本雖然侵略了中國和東南亞，但卻也被美國和蘇聯所擊敗，因此美國和蘇聯成為日本此一情結下的譴責對象。

美國對日本投下原子彈造成了超過 250 萬日本人的傷亡，不過戰後美國卻幫助日本的復興並成為日本的盟友，美日有著共同的敵人蘇聯，因此日本可以毫不猶豫地對蘇聯提出譴責與批評。

美國

由於日本在二次大戰中被美國擊敗，因此日本人對於美國自然而然地就存有敵意。但是美國佔領軍控制了日本的教育體系和大眾媒體，因此可以有效地壓制反美運動。因此戰後日本因戰爭挫折而引起的反美情緒被成功地導引成對日本軍國主義的反感。同時因為反抗蘇聯也降低了對美國的反感，在戰後日本教育體系下的年輕人所相信的是諸如民主與自由的美式價值。他們對美國都相當友好。

美國是日本繁榮的重要憑藉，因此很難想像日本會將美國視為敵人，幾乎所有的日本人對此都有所體悟。此外，有關美國的大量資訊一向為日本人所熟知，因此日本也不太可能會對美國的意圖有所誤判。日本充斥著有關美國的資訊。美日之間有太多的溝通管道。今天，美日關係很自然地休戚與共。

日本人認為美日安全條約的貢獻不僅止於軍事上的合作關係，而且增進了美日之間的友好。大部分的日本人相信維持與美國穩定且友好的關係是日本安全與繁榮不可或缺的因素。

俄羅斯

在二次大戰結束時，蘇聯撕毀了日一蘇中立條約而對日發動攻擊。戰爭結束後，將近有 5 萬個日本戰俘死於俄國的集中營。即使到了今天，蘇聯仍然佔領了日本的北方領土。此外，日本天皇制度也與共產主義制度相抵觸。由於美蘇之間的敵對關係，日本可以在不擔心美國反應的情況下對蘇聯進行譴責。而且龐大且蠻不講理的蘇聯也很自然地成為日本敵視的對象。

因此，日本對蘇聯有種受難者情結存在，而將蘇聯視為是日本的潛在敵人。但在俄國從事改革（Perestroyka）之後，日本對蘇聯的觀感逐漸改善。許多日本人認為自從蘇聯帝國瓦解之後，來自俄羅斯的威脅已日漸降低。日本現在對俄國採取了較溫和的態度。甚至由於俄國經濟的疲弊，日本現在對俄羅斯反而有股優越和同情感出現。這種感覺在一定程度上也減少了日本對俄國的敵意。不過只要俄羅斯仍然佔領日本的北方領土，日俄關係改善的空間將極為有限。

日本對中國的印象

直到十九世紀以前東亞地區一直是處於由中國所宰制的朝貢體系架構之下。對大部分東亞國家的歷史而言，當時的中國是個超級強國，無論是在政治、經濟和文化上都處於無可比擬的優勢地位。

日本位於中國文化圈的邊陲地帶，並且受中國文化的薰陶甚深。在過去日本知識份子一向認為日本宛如是中國後院的國家，因此普遍有股自卑感存在。十九世紀中期之後，若干的日本知識份子主張，日本最明顯的威脅是來自於已經獲得先進軍事技術之中國的侵略。其他的知識份子則認為日本應仰賴中國來抵抗西方強權。

但是到了 1840 年的鴉片戰爭之後，中國也受到了歐洲列強的侵略。到了二十世紀初連日本也開始以軍事手段侵略中國。由於當時的日本商人在中國和韓國的生意並不成功，因此他們要求以軍事力量作為後盾。

中日兩國的現代歷史其實就是日本侵略中國的歷史。因此，在日本人心中普遍存有「先進的日本和落後的中國」的印象。但是當日本帝國被擊敗之後，日軍的行為受到了聯軍的制裁。當時共有 7 名日本的領導人，包括日本首相和外相，被列為 A 級戰犯，以及 1200 位日本軍人被列為 B 級和 C 級戰犯於東京和亞洲其他國家的軍事被處決。基於日本人心中的罪惡感，日本接受了聯合國草擬的憲法，限制日本軍力的發展。

中國海軍的活動

中國解放軍機關報「解放軍報」於 1998 年 5 月指出，1980 年代中國海軍已具有了從事重要聯合軍事操作的能力。此種能力不僅侷限於本國附近的水域中，並可延伸至南中國海。中國海軍有能力負起捍衛國家領土與主權的責任。此項報導顯示中國已有佔領位於東海和南中國海島嶼，甚至切斷日本和印度航線的能力，而 90%的日本原油都是從中東進口的。

日本的安全與中國

日本從中東運送源由的重要航線都必須取道南中國海。「日本海上自衛隊」(JMSDF)的重要職責就是保護此條長達 1000 英里航路的暢通。

中國與日本之間有領土的爭議存在，日本宣稱日本在 1895 年取得了對位於中國東海釣魚台列嶼的主權。1960 年代當「聯合國亞洲暨遠東經濟委員會」(ECAFET)的報告指出釣魚台海域蘊藏石油之後中日之間就出現了領土的爭議。當 1972 年日本與中國建立起外交關係之後，兩國都默許不去處理有關釣魚台領土爭議的問題。但是到了 1978 年 4 月兩國簽署和平友好條約時，許多中國的武裝漁船進入了釣魚台海域，以此來對日本施壓。當時鄧小平提議將此項爭議留給後代子孫解決。

1992 年 2 月中國通過的海洋法中將位於中國東海的釣魚台和南海的南沙群島都列入中國的領土。和十五年前相比，中國現在已擁有強大的海軍和開採海洋資源的技術。在中國的五年計畫中，開發中國東海的油田區是一個重點項目，這不僅關係到上海甚至是全中國的經濟發展。可以預期的是，中國將更強化其對鄰近海域的主權宣示。由於中日兩國關係相當敏感，兩國都必須以審慎的態度來瞭解彼此的立場。

近年來中國海軍一直在進行大規模的海空軍聯合軍事演習。中國的海測船也經常被發現在日本的周邊海域，甚至日本的領海進行海域的探測的工作。中國軍艦出現的次數也有所增加。1999 年 5 月第一次證實有 13 艘的中國軍艦在釣魚台水域出現，同年 10 月又有 10 艘軍艦在此地出沒。2000 年 3 月在奄美群島北方的海域也出現了 5 艘中國軍艦，4 月則又有 4 艘軍艦出現在琉球群島水域。

由於若干中國軍艦出現時正在進行戰鬥隊形的演習，因此應是在從事某種形式的訓練。2000 年 5 月一艘中國海軍破冰情搜船被發現在日本的輕津海峽（Tsushima and Tsugaru Straits）來回航行。該船在航行時將設備投入水中並打開天線，因此很有可能正在進行情搜或水文的探測。最近中國船隻在日本海附近的頻繁活動值得密切注意。

日韓關係

由於日本曾經統治韓國六十年，因此日本對韓國的看法與日本對中國的看法類似，同樣都存有某種的罪惡感。因此批評韓國成為日本媒體的禁忌，連帶的對日本民意也有很大的影響。

但是最近日本對韓國的態度由於北韓的緣故開始有了轉變。北韓對日本發射了長程導彈。許多北韓間諜潛入日本。在過去二十年間有超過 100 位日本人被北韓綁架。對此北韓領導人金正日雖然坦承不諱並道歉，但卻拒絕釋放這些日本人回國。這樣的行為引起了日本人的憤怒，並促使日本重組其軍事組織架構。現在金正日已成為日本公開的敵人和邪惡的象徵。

北韓

北韓正在發展和部署大規模殺傷性武器和導彈，並且擁有大規模的特種部隊。北韓正持續地加強他所謂的不對稱的軍事力量。北韓的行徑構成了影響東亞地區安全的不穩定因素。北韓涉嫌發展核武的作法不只影響日本的安全，若從國際防擴散的角度而言，此舉也對國際社會的安全造成了重大的影響。

儘管北韓不是「生物武器公約」(BWC)的成員國，但已擁有若干能夠生產化學戰劑的設施，以及製造化學武器的生產基地。此外，北韓所擁有的特種部隊可以從事包括情報收集、地下破壞和游擊戰等各種任務。北韓特種部隊的人數大約 10 萬人，是全世界擁有特種部隊人數最多的國家（美國 2 萬 9 千人）。

1999 年 3 月北韓的間諜船潛入日本領海後返回北韓北部港口。日本海上自衛隊正式下令進行海上安全操演。這是自二次大戰結束以來首次進行的操演。

導彈的發展

北韓在 1980 年代就已生產和部署了飛毛腿 B 型和飛毛腿 C 型導彈。1993 年 5 月北韓發射了大埔洞長程導彈飛越日本海。1998 年 8 月北韓又發射了勞動型導彈飛越日本領空。

勞動型導彈是一種採用液態燃料推進系統的單節導彈，並採用了可移動式直立發射架（transporter-erector-launcher, TEL）發射。北韓已完成了勞動型導彈的發展和部署。勞動型導彈的射程大約 1300 公里，其射程範圍涵蓋日本全境。北韓也正在從事較長程的大埔洞一型導彈的研發。大埔洞一型導彈是兩節式的液態燃料推進導彈，估計射程約在 1500 公里以上。

日本對緊急情勢的回應

北韓發射導彈

1998 年 8 月 31 日在沒有任何預警下，北韓從北韓東部靠近大埔洞附近發射了大埔洞一型導彈。有一部份的導彈落入了日本海，少部分的飛越了日本而落入日本東北方三陸（Sanriku）附近的太平洋。北韓很明顯地取得了生產足以攻擊日本全境導彈的能力。在發射之後，日本加強了防備工作並收集有關導彈的發射資序摁。日本決定引進獨立資訊收集衛星。

可疑船隻事件

1999 年 3 月 23 日一架巡邏飛機在發現了兩艘可疑船隻正在日本佐渡島（Sadogashima）西方和能登半島（Noto Peninsula）東方的日本領海活動。日本海岸防衛隊和日本海上自衛隊命令可疑的船隻停止動作並開火警告，但該船置之不理且加速逃逸。這兩艘船最後回到了位於北韓北方的港口。

在這次事件中，日本政府並沒有對這些船隻加以阻攔和調查。許多日本人認為日本受到了羞辱。自由派的報紙甚至批評日本政府對北韓卑躬屈膝。這刺激了自二次大戰以來長期被壓抑的日本國家主義的出現。作為一個民主國家，日本政府不應對日本民眾的氣氛漠不關心。2001 年 12 月日本海岸自衛隊擊沈了在日本福岡(Kyushu)東南方海域出現的北韓間諜船。

日本的政治氛圍

上述的事件促使日本政府加快重組和加強其國防架構的步調。由於北韓領導人一再的挑釁行為，日本逐漸改變了對北韓的態度。今天大部分的日本人都支持對北韓採取強硬的政策，並且反對急躁地與北韓進行關係正常化。日本對於北韓的挑釁行為日益不耐。各國對日本的批評刺激了被壓抑的日本國家主義再次抬頭。

1998 年中國國家主席江澤民正式訪問日本。在此次訪問過程中，當江澤民一再以所謂的「歷史問題」向日本提出強烈的批評時，所有的日本主要媒體卻都對江的演說加以駁斥。2001 年在中國的強烈反對下，日本的主要媒體又堅持日本應對台灣的前任總統李登輝發出簽證。

當前日本的政治氣氛正在改變當中。年輕一代沒有戰爭經驗的日本人對於有關「歷史問題」的批評已逐漸不能容忍。目前，絕大部分的日本人都是屬於戰後出生的一代，因此他們對於鄰國有關日本五十年前侵略行為的批評感到相當厭煩。

今天日本的經濟情況並不好，人民的挫折感日深。為了維持目前的經濟繁榮，許多日本人開始思考如何改變日本。民意調查顯示，絕大多數的日本人支持現任的首相，而主張國家主義的東京都知事石原慎太郎也極受大眾歡迎。在對外關係上日本正試圖放棄以往的低姿態，而正朝向一個「正常國家」轉變。

經濟現實與經濟安全

Mure Dickie（王明）—

崛起的中國經濟：認知與現實、優勢與劣勢

陶儀芬—

中國大陸政治景氣循環的合理化

Chi Hung Kwan (關志雄)—

人民幣應否升值?

強勢人民幣的受益者不是日本而是中國大陸

Rick Harbaugh (李克)—

論中國的高儲蓄率

崛起的中國經濟：
認知與現實、優勢與劣勢

Mure Dickie（王明）

前日本大藏省副財相且有日圓先生之稱的神原英資（Sakakibara）在談論中國大陸經濟時毫不掩飾其興奮之情，他指出中國的崛起代表了西方世界主宰全球經濟的時代已成過去，「歷史的巨輪又重新轉回東方了」。[1]

對於中國大陸的經濟新的崛起，儘管不是所有人都如神原般樂觀，但有類似看法的卻絕非只神原一人。許多報紙紛紛引述拿破崙的古老警語：「讓中國沈睡吧，因為當中國醒來之時，他將撼動世界」。[2]有鑒於「中國的世紀」或「中國的新地位」的發展趨勢，有關「上升中的巨龍」或者「世界工廠」的說法不徑而走。著名的德洛特（Deloitte）國際諮詢公司的研究報告甚至誇張的說，「二十一世紀初中國的地位就好比是十九世紀的英國」。[3]

本文試圖針對上述說法背後的大陸經濟真相，以及未來發展的前景與挑戰做一分析。

---

[1] 博鰲亞洲論壇年會上的演說，海南，中國，2003 年 11 月 3 日。

[2] 例如： Richard Gwyn, “'Ascendant dragon' awakens” *The Toronto Star*, 3 Dec 2003; Martin Wolf, “The world must learn to live with a wide-awake China” *Financial Times*, 12 Nov 2003.

[3] Ira Kalish, “China Enters the 21st Century Deloitte Research” *Deloitte Research*, 2003. 筆者認爲，作爲一個正在迎頭趕上的開發中經濟體，儘管中國和十九世紀英國同樣都被稱爲是「世界工廠」，但兩者是不能相提並論的。

做為經濟強權的中國

就許多層面而言，對於中國大陸經濟發展的樂觀預期主要的是依據過去二十年來大陸改革開放所獲致之成果而得到的結論。1978年中國大陸的國內生產毛額只有3620億人民幣，而截至去年為止已達到104790億人民幣。大陸的許多城市和鄉村的面貌已大幅改觀，並創造了前所未見的繁榮景象。依據世界銀行的估計，每日生活在收入低於1美元以下的人數，已由1981年的4億9千萬降至2002年的8億8千萬人。[4]

近年來中國大陸對於全球經濟的影響力大幅提升，其中最明顯的例證就是大陸已於2001年加入了「世界貿易組織」，以及大陸產品對於每個國家和橫跨各個產業部門所展現的影響力，其中尤以製造業方面的影響最為顯著。以前各國消費者對於中國大陸的印象就是以生產紡織品和玩具為主的國家，但現在很快就會讓人聯想到大陸製造的電子產品、消費品和家具。大陸的國營媒體最近宣稱，單單蘇州一年生產的筆記型電腦就達到1000萬台，而佔世界產量的四分之一。[5] 在過去幾年中許多的製造商都認為他們位於歐洲、美洲和日本的工廠都已無法和中國競爭。一位在中國西部投資的美國商人表示，當他在2000年開始在此地生產大型客機所使用的燃料噴嘴時

---

[4] World Bank, Report No. 24169-CHA: “China - Promoting Growth with Equity”, 15 Oct 2003, p.9

[5] Xinhua News Agency “Suzhou becomes world's leading notebook PC production base”, 4 Aug 2003

共有 36 家其他的競爭者，目前還留在美國的只剩一家，而且「業績慘淡」。[6]

目前的中國大陸已是各類專業電子公司群聚的地區，例如：位於南方的廣東主要是從事電腦組裝的公司，而以上海為主的地區則以半導體的設計、封裝和測試等半導體製造相關的產業為主。

中國的貿易量也在激增當中。今年的前九月和 2002 年的前九月相比貿易量成長了 36.2%。而出口值總額預估可由 2002 年的 3260 億美元增加到 4130 億美元。[7]這和 1999 年的 1950 億美元相比增加了一倍。此外進口量也大增，今年的進口值預估為 3820 億美元，而 2002 年和 1999 年的進口值只有 2820 億和 1590 億美元。[8]

另一個令人驚訝的成果就是中國大陸外匯存底的大增。今年九月中國的外匯存底已達 3839 億美元，相較於 2002 年 12 月增加了 970 億美元。[9] 而且由於大部分的外匯存底都被用於投資美國政府債券，因此北京目前已成為美國預算赤字最大的融通國家。

一般而言，中國貿易的崛起對於商品製造商和高科技產品的出口者而言是個好消息，但對那些仰賴低成本製造業的國家而言卻不

---

[6] 2003 年 11 月 24 日針對高龍機械（Golden Dragon Aerospace）董事長 Bernard Yau 的訪談。

[7] China Monthly Economic Indicators Vol.43, *National Bureau of Statistics*, Oct 2003

[8] *International Monetary Fund Public Information Notice* No. 03/136, 18 Nov 2003, p.6

[9] China Monthly Economic Indicators Vol.43, *National Bureau of Statistics*, Oct 2003, p.51

是件好事。例如在拉丁美洲，當智利的出口商對於滿載了銅製品預備前往中國大陸的散裝貨輪滿心歡喜時，位於墨西哥加工出口區從事進口零件組裝的工廠卻對中國大陸低廉工資的競爭模式抱怨連連。儘管日本在對中國大陸的生產設備和關鍵零組件的出口上仍享有順差，但日本當地的商人卻也對大陸蜂擁而入低價的蕈類和榻榻米多有微詞。在全球各地有關中國大陸貿易的新聞都成為頭條或熱門的政治議題。華府最近對於中國大陸製女性內衣的設限凸顯出來自美國國內產業的保護主義壓力。

此一由於中國大陸廉價勞工所引發對競爭力的憂慮並非第一次。美國作家 Pret Harte 在 1870 年所出版的一本詩集就曾經寫道：「我們會被這些廉價的勞工所毀滅」。[10]前任美國貿易談判代表 Charlene Barshefak 指出，之前大聲為美中經貿關係辯護的人現在都感到了「壓力與憂慮」；兩國雙邊關係也將由於美國總統大選的迫近持續成為各界批判的焦點。[11]

在人民幣匯率因為緊盯美元而成為各國抨擊的標的後，儘管美國一再要求中國應讓人民幣快速升值以恢復其「合理」價位，但北京卻對此要求視而不見。

然而中國大陸的影響力卻不僅只於貿易方面。來自大陸的學生快速成為了美國和歐洲大學與學院的重要學生來源。中國大陸的觀光客也已成為香港和泰國市場的主力，其購買力相較於澳洲和德國等已開發國家已不遑多讓。

---

[10] Globalisation was then much less advanced; the worker was, of course, complaining about Chinese labour in the US.

[11] 博鰲亞洲年會上的午餐演說，海南，中國，2003 年 11 月 3 日。

在中國政府「走出去」政策的導引下，大陸企業的身影也開始出現在國際市場中。兩家大陸的主要石油公司企圖以超過12億美元的資金購買裏海北方油田的股票，儘管後來在國際對手的競爭下功敗垂成，但其中一家在香港上市的中國海洋石油總公司（CNOOC）則可望在明年取得澳洲Gorgon氣田專案2750萬美元的股票。

另外，上海的寶鋼集團一直試圖在巴西建立新的鋼廠。中國最大的消費電子公司TCL集團最近宣布和法國著名的湯普生（Thomson）公司共同成立新的彩電事業部門，企圖成為全球最大的彩電製造商。而中國的電信業者也在各地尋找商機。

就中國大陸在貿易和商業上日益增加的重要性而言，台灣可說是感受最深的地區。台灣由於擁有和大陸語言相同、文化類似、地理位置接近，以及發展模式類似等優勢，很自然地就將中國大陸視為是最具吸引力的投資標的。[12]台商企業利用大陸的廉價勞工獲取了大量的利潤。例如大部分位於蘇州的筆記型電腦工廠都是屬於台商的工廠。不過台商的前進大陸也成為兩岸政治和軍事關係持續緊張的原因之一。

中國是個紙老虎

對任何到過上海的人而言，中國大陸經濟的成長是無庸置疑的事。但一昧強調這些表象的結果卻也容易使人過份誇大中國大陸目前經濟的重要性。

---

[12] 目前並沒有台灣對中國整體投資數額的正確統計數字，但最被常引述的額度爲1000億美元，這似乎是個蠻合理的數字。

中國大陸其實仍是一個貧窮的國家。在去年召開的中國第十六屆黨代表大會所設定2020年的中國大陸GDP將從2000年的九兆人民幣（1兆1千億人美元）再翻四翻，這對一個年成長率約為7.2%的國家而言是個相當具挑戰性的目標。如果達成此一目標意味著大陸的經濟規模將達到和日本相同的規模。不過每人平均年所得仍只有25000人民幣（3000美元），雖然較目前的7700人民幣（940美元高出甚多），但卻仍只有日本的十分之一而已。[13]

儘管大陸的廉價產品對世界市場產生了深遠的影響，但是即便是到了 2007 年中國大陸的出口額佔世界出口的比例也只有 7%～8%。[14] 粗略的經貿統計資料也可導致世人對中國大陸在世界貿易重要性上的誤解。大陸進口中有很大的比例只是為了再出口，也就是在大陸進行附加價值的組裝後再出口至其他地區。因此大陸其實只是整個產品供給鍊中的重要一環，但卻不是這些產品最終需求的市場源頭。[15]

因此中國大陸經濟中許多最具生產力的產業都掌握在國外投資者的手中。例如，台灣就是大陸大量出口電子產品的重要推手。[16] 相反地，只有少部分的大陸本土企業有海外投資的計畫。

---

[13] *World Bank, Report* No. 24169-CHA: “China - Promoting Growth with Equity”, 15 Oct 2003, p.17

[14] Ibid p.4

[15] 2000年中國有55%的出口屬於加工產品，而41%的進口則是爲了從事出口加工。 參閱： Ira Kalish, “China Enters the 21st Century, Deloitte Research” *Deloitte Research*, 2003, p.3.

[16] Ibid.

大陸最近進口的成長的確是由國內的需求所推動。例如，繁榮的汽車產業刺激了鋼材的需求，而快速發展的房地產則推動了例如銅等原料的買氣。但是，如果市場需求再以這樣的速度增加下去卻是極具風險的。中國官方已致力於針對此一產業的「過熱現象」進行控制，一味對高度成長過度的預期是相當危險的事。

台灣「依賴」中國?

最近在台灣和產業界所流行的一項說法認為，隨著中國大陸經濟的崛起，台灣未來的經濟將很難再自外於中國大陸而獨立發展，台灣唯一的選擇就是和大陸相結合。如果我們從 2003 年前九個月台灣對中國大陸的出口增加至 140 億美元，年增率為 112%，而同期間對其他地區的出口只增加了 0.3%的情形來看，這樣的說法似乎有其依據，[17]但這些出口有很大的比例都是為了出口至台灣位在大陸的工廠加工，之後再銷往美國或其他終端市場。[18]

事實上，兩岸的投資代表了台灣的企業已和大陸高度的整合。如果台商只以大陸為投資重點的話，那麼台灣未來的成長就的確必須仰賴大陸。不過這並非是不可避免的事。台灣 2300 萬人本身就是一個重要的市場。而且作為一個島嶼，台灣可以很輕易的就將產品銷往世界各地，事實上台灣也早已成為全球供應鍊的一部份。因此台灣本土的服務業有很大的發展空間。

當然，中國大陸為台灣的製造業提供了一個很大的機會，他們可以再次複製過去低價生產的成功模式；對服務業而言則可在具同

[17] *Taiwan Economic Review*, 7 Nov 2003, p.2

[18] Ibid.

樣中國文化的大陸市場中運用相同的管理技術。三通的限制，例如禁止北京和台北之間的直航為某些經濟活動帶來了不便，也的確使得將台北轉化為多國籍企業區域總部的希望成為空談。但是台灣經濟的健康與否，最主要的關鍵還是取決於台灣政府對於國內投資環境改善的程度，以及是否能夠維持以往那種對教育的重視和對於創業的熱情而定。

推動中國經濟發展的動力

對於中國，世界各國只有在談判時才會堅持它是個已開發國家。[19] 無論事實如何，中國大陸未來的發展仍將取決於過去二十年來推動其經濟成長的因素在未來的表現而定。

過去這段期間，中國大陸的經濟成長已從早期由農業和鄉村企業所主導，轉變為由工業和城市商業活動所推動。不過這兩種發展模式的一個共同因素都在於如何將那些曾將受制於毛澤東和馬克斯主義的人力解放出來以從事有助於經濟的活動。今天推動大陸經濟成長最根本力量其實仍在於無數中國人期待改變他們命運的企圖心，這的確是促使中國大陸經濟成長無可限量的動力來源。

中國經濟的發展一向得力於海外高科技、企業管理技術和金融工具的引進。去年國外的直接投資達到創紀錄的 527 億美元，[20]這顯示外資不但已成為中國大陸經濟的重要支柱，而且更是中國大陸國內競爭對手的模仿對象。

---

[19] 在中國申請加入「世界貿易組織」期間，美國和其他貿易伙伴都堅持中國是個已開發國家。

[20] China Statistics Press, *2003 China Statistical Yearbook*, p.671

而在全球化的趨勢以及來自海外教育體系和企業的熱情歡迎下（特別是美國），促進了中國大陸企業和工程人才的外放與回流。於此同時，中國大陸基礎設施的大幅改善，例如從內蒙古的行動電話網路到海南的高速公路，也促使中國大陸更加的向外開放。

此外，中國大陸農村的眾多人口（大部分尚未雇用）似乎給位於東部沿海較富庶地區工廠提供了無窮盡的廉價勞力，而使這些工廠得以在未來數十年內繼續抑制薪資成本的增加。

一個更為開放的經濟體將會對中國大陸的經濟發展有所助益。例如中國可依據外商公司的偏好，針對將近四分之三的加工品進出口貿易給予零關稅或接近零關稅的待遇。[21] 中國加入「世界貿易組織」的承諾之一，就是承諾將會讓更多的經濟領域開放與國外競爭，此舉將可使中國大陸的整體生產力獲得進一步得提升。

經濟發展的道路坎坷難行

儘管有了上述諸多成長誘因的推動，但中國的經濟發展似乎已不如開始時之平順。儘管 2003 年中所爆發的 SARS 疫情雖然對中國經濟的影響不大，相較於去年的 GDP 成長率只從第一季的 8.9%掉到第二季的 8.2%，但第三季馬上又回升至 8.5%。[22] 不過中國的統計數據一向並不準確，許多分析師都認為中國官方的數據經常無法反映經濟成長的真實狀況。例如瑞銀證券（UBS）在 1998 年的經濟

---

[21] World Bank, Report No. 24169-CHA: “China - Promoting Growth with Equity”, 15 Oct 2003, p.2

[22] China Monthly Economic Indicators Vol.43, *National Bureau of Statistics*, Oct 2003, p.10

報告中認為，中國 1998 年最佳的經濟成長率預估值為 3%～4%，但中國的官方數字則高達 7.8%。而去年一般認為大陸的經濟成長率接近 10%，但官方的數字卻只有 8%。瑞銀證券預估 2003 年中國官方公布的成長數字應介於為 8.3%～8.5%之間，但他們認為中國大陸實際的經濟成長率應高達 12%。[23]

儘管目前要判斷大陸經濟是否過熱為時尚早，但北京決策高層對於諸如汽車和房地產等產業投資日益攀高的情況已密切注意。中國「國家發展和改革委員會」副主任張曉強就表達了對於鋼鐵業在 2003 年第一季的投資相較於去年同期增加 134%，而相較於去年整年則增加了 46%的憂慮。[24]

「牛津經濟預測中心」(Oxford Economic Forecasting)對於中國大陸在放款、投資和生產等方面嚴重失衡的情況提出了坦率的警告：處在目前總體經濟快速發展的階段，對於銀行將資金借貸給高風險行業所可能引起的泡沫化現象不容忽視。倘若之後再針對這類貸款採取管控措施的話，則可能導致一般性的經濟下滑，進而減緩了整體經濟的產出與成長，特別是造成房地產價格泡沫的破滅。[25]

儘管最近「國際貨幣基金」(IMF)也提出了相同的警告，[26]但許多經濟學家卻相信，中國政府企圖限制信貸成長和勸阻在某些產業投資的作為終將失敗。相對於有關經濟是否過熱的辯論，最近則又

[23] Jonathan Anderson, UBS Investment Research, *Asian Weekly Focus*, 4 Nov 2003.

[24] 針對「國家發展和改革委員會」副主任張曉強的訪問，2003 年 11 月 19 日。

[25] Oxford Economic Forecasting Hilfe Economic Briefs: Daily Briefing, China, 21 Oct 2003, p.6

[26] International Monetary Fund, Public Information Notice No. 03/136, 18 Nov, 2003.

出現了重要產業普遍缺電的問題，這些都顯示中國經濟的發展將不再像過去那樣平順。

經濟發展的路障

自從鄧小平於 1980 年代初開始改革開放之後，中國大陸再次成為世界經濟強權已是必然之勢。正如神原英資所言，歷史上的中國在全世界經濟上所佔的影響力都幾乎和其所佔的人口比例相等。而過去由於清帝國衰弱、內戰、侵略和共產主義所造成的經濟力相對下滑的情況只能算是一種異常的狀態。然而，目前中國大陸仍然面對了許多威脅，而足以延緩或阻撓大陸趕上其他已開發國家的發展進程。

其中最明顯的威脅就是經濟長期成長下所導致的中國資金分配上的無效率，進而促使金融體系的問題叢生。中國大陸銀行的體質的確很糟。即便只針對最主要的四大國營商業銀行而言，官方的不良債權（NPL）比率接近了 23%，也就是有高達 2 兆人民幣（或 2400 億美元）的不良債權。而實際的不良債權比率則高達了 40%，也就是 3 兆 5 千億人民幣，這其中還不包括在 1999 年底已排除在銀行資本負債表之外的 1 兆 4 千億貸款。[27] 因此中國大陸銀行負債惡化的情況較遭受亞洲金融風暴襲擊的亞洲鄰國有過之而無不及。

中國大陸的金融危機已有跡象可尋。大陸銀行目前主要是依靠中國對外部資金流動的管制、超高的儲蓄率、存貸款戶對銀行的選

27 Jonathan Anderson, UBS Investment Research, *Asian Weekly Focus*, 4 Nov 2003, p.2.

擇有限，以及居高不下的銀行利率支撐。這些銀行經常都得靠公有資金來進行緊急抒困。依據瑞銀證券的估計，要完全清理金融部門壞帳的最終成本大約要佔大陸 GDP 的 38%，[28]這似乎仍在一個負債程度中等的國家所能容忍的範圍。中國「財政部」副部長樓繼偉指出，中國政府對這些銀行的緊急抒困至少可以部分透過外匯存底或由中央銀行發行貨幣的方式來進行融通。[29]事實上樓和其部屬正試圖結合公有資金以進行這些銀行的股票發行和上市計畫。

這樣的努力凸顯出一項實際的問題：這些銀行是否能夠轉型成為有效的資金運用管道？「中國銀行業監督管理委員會」主席劉明康斬釘截鐵地堅稱，今後將不再有緊急融通抒困的情事發生。[30]但是這幾家銀行雖然在整體規模上佔了大陸銀行體系三分之二，但卻因為過去作為計畫經濟的工具而負債累累；而且每隔一段時間又都會發生銀行醜聞，凸顯出銀行內部的監控有著嚴重缺失。此外，由於這些銀行的規模都非常的龐大，例如「中國工商銀行」擁有 1 億個個人客戶、25000 個分行和 2 兆 4 千億人民幣的存款，因此要改變這些銀行相當困難，而且還必須承擔道德風險，不容許有任何倒閉的情況發生。

這幾家銀行都宣稱，他們已擺脫了壞帳的問題。例如「中國工商銀行」行長姜建清就自豪的表示，「中國工商銀行」消費信貸的不良債權比率已降到 1%以下。但由於這些貸款和抵押權設定的時間都沒有超過四年，因此工商銀行的不良債權的比率仍然很可能會上

[28] Ibid.

[29] Interview 21 Nov 2003.

[30] 針對中國銀行業監督管理委員會主席劉明康先生的訪問，2003 年 11 月 19 日。

升。[31]此外，各銀行仍繼續進行新的放款以達到暫時降低整體不良債權的目的。正如劉明康所言，即使針對個別經理可批准的放款額度進行了設限，「但你仍然可以看到一個由很多小型定時炸彈綁在一起的原子彈」。

於此同時，中國大陸民間的融資卻異常困難。這在農村地區尤其如此，即使是一個成功的企業也很難向銀行貸到款。例如今年就有一位傑出的農民企業家孫大午遭到拘留，並指控他為了擴充公司而對一般大眾非法吸金。[32]

此外，中國大陸貪瀆的盛行也是造成資本分配不當的原因之一。儘管中國政府一再雷厲風行的進行肅貪，但是在共產黨一黨專政的體系中很難出現獨立的監督機制來持續地抑制貪風。

中國政府對經濟直接控管的作為，除了將扼殺企業的創新能力之外，並且無異於是鼓勵競租行為的出現，進而導致包括銀行、電信、保險和運輸等行業長期的成長遲緩。儘管大陸的國有企業通常都很有競爭力，而且許多國內外的上市公司也正試圖將資本主義的管理方式引進大陸，但是在北京最近所公布的政策計畫中仍明確表示國有制的主導地位將維持不變。

從孫大午或其他最近被捕或指控的企業家案件中顯示，許多的大陸企業都在法律的灰色地帶遊走。此外，法治主義的欠缺也使得這些因經濟發展所引發的社會緊張很難有抒發的管道。正如「國務

---

[31] 針對中國工商銀行行長姜建清的訪問，2003 年 11 月 19 日。

[32] 正如同孫大午所言， "我認爲如果是在大陸的環境下，即使是李嘉誠或比爾蓋茲也很難成功！"，2003 年 11 月 9 日的訪問。.

院發展研究中心」主任王夢奎所言，在未來的二十年內，將會有 3 億或更多的農村人口向城市移動。[33]儘管這些新移民將成為經濟成長的新動力來源，但在城市中窮人和富人間的落差卻也可能為社會帶來新的不穩定。事實上王夢奎也承認，在未來的數年內城市和農村，以及東部和西部之間居民的所得差距仍將持續擴大。

儘管中國政府正試圖提高農民的所得，而且許多農民也都已感受到過去兩年稅費負擔的大幅減輕，但是社會上充斥的不公平現象仍將是導致大眾不滿的主要原因。中國加入「世貿組織」以後，隨著國外農產品的大舉入侵，農民的壓力將因此大增。

社會的緊張甚至最終將導致人民對共產黨統治權威的挑戰。目前中國已很少對外宣稱她在意識型態上的正當性。現在維繫中國統治的基礎有以下三項，分別是對於持續改革的承諾、威脅一旦下台所可能引起的社會混亂，以及緊握槍桿子作為主要的統治基礎。

長期而言，由於所謂「一胎化」政策推行的結果，中國大陸還將會面臨人口老化的挑戰。一胎化政策使得大陸在經濟發展的初期就出現了類似歐洲和日本的老年社會的現象。依據一般的預測顯示，到了 2020 年中國大陸的勞動力成長將降至幾乎零成長的地步，而 65 歲以上老年人口的比率將從 7.3%增加至 11.8%。[34]

中國也必須克服資源和環境上的限制。最近的研究顯示僅僅因為無法有效處理中國大陸北方缺水問題，以及在限制人口增加上的

---

[33] 針對國務院「發展研究中心」主任王夢奎所作的訪問，2003 年 11 月 18 日。

[34] *World Bank, Report* No. 24169-CHA: “China - Promoting Growth with Equity”, 15 Oct 2003, p.17.

失敗就使每年的 GDP 成長減少 1.9%。[35]另外，由於中國大陸對於進口石油的日益依賴，一旦出現石油危機也將對大陸經濟產生重大影響。

當然，中國也可能與其鄰國發生衝突，其中台灣海峽是最可能發生戰爭的區域。一旦發生任何衝突，即使中國並未直接涉入其中，仍可能產生外資卻步、貿易中斷和侵蝕大陸所有經濟部門的後果。

改革開放將以悲劇收場?

以上所列舉中國大陸的諸多問題在理論上的確有導致災難的可能。例如資源重分配政策執行的失敗將導致分配的長期不公。便宜的農產品的進口可能造成農民所得的大幅下降，並促使大量的無技術勞動力向城市移動。外在經濟環境的變動也可能導致大陸房地產價格泡沫的破滅，進而導致數百萬勞工的失業。失業率和犯罪率的增加也會造成中產階級的不安。此外，增加中的排外情緒也可能使國外的投資下滑，甚至，中國也可能陷入國際衝突當中。

一切尚在未定之天

本文並未預測上述的場景將會成為現實。在這裡必須強調的是，大陸領導者對於這些危險因素也早已知之甚詳。近年來北京正致力於處理大陸與華府和其他鄰國之間的關係。而針對大陸經濟和社會上發展的缺失，在 2003 年 10 月所召開的中共「第十六屆三中全會」中也採取了若干的政策手段在一定的程度上加以因應。不過

---

[35] Charles Wolf, Jr, K.C. Yeh, Benjamin Zycher, Nicholas Eberstadt, Lee Sung-ho, "Fault Lines in China's Economic Terrain", *Rand*, 2003.

處理問題並不等於解決問題。因此對中國領導人而言，如何處理中國因轉型所衍生的諸多問題將會是一項複雜且艱鉅的挑戰，而且並不保證一定成功。

中國大陸政治景氣循環的合理化

陶儀芬

在討論有關中國崛起的問題時，中國大陸過去二十年來的經濟成長已被視為是中國再次興起最有力的證據。不過為了維持長期持續的經濟成長，中國大陸在相關市場機制的建立上還有待進一步的努力。本文主要的目的即針對中國大陸在有關貨幣政策管理機制—政府維持市場經濟持續穩定發展最重要的工具—的發展情況進行分析。

綜觀整個改革開放的過程，我們可發現大陸的經濟週期和政治週期兩者有同步化的現象。換言之，中國大陸和西方民主國家的政治經濟關係相類似，同樣存在著政治景氣循環的情況。所謂的政治景氣循環是指經濟上的景氣或蕭條週期和政治週期(political rhythm)之間具有某種程度的連動性。透過針對大陸政治景氣循環演變的分析，本文發現中國大陸在1990年代以後產生了三個層面重大的制度變遷：第一，在正式政治機構中所進行的權力轉移已取代非正式政治成為決定中國經濟週期的主要因素；其次，當中國領導人必須運用擴張性的政策以創造經濟榮景時，他們越來越必須仰賴市場性工具而非計畫性措施來達成其目標；第三，國際因素在決定中國大陸國內貨幣環境上扮演了日益重要的角色，換言之，在全球化效應日增的影響下，中國政府的貨幣自主性已遭受到了很大的侵蝕。總之，過去十年間中國大陸在有關菁英政治和貨幣政策管理上所經歷的制度變遷，已使中國政府更有能力維持市場經濟的穩定成長，但是日益增加的全球化效應也對中國貨幣政策的管理能力造成了很大的限制。

最近影響中國大陸貨幣擴張的潛在因素

有鑒於國際間要求人民幣升值的聲浪四起，一般認為中國大陸外匯存底的急遽增加是造成大陸近年來國內貨幣供給額擴張的主要因素。正如(圖一)所示，隨著大陸貿易順差和資本流入所導致的外匯存底急遽增加，自 2001 年起大陸的國內貨幣供給額也同樣出現了激增的現象。就廣義貨幣供給額（M2）的成長率而言，大陸貨幣供給成長率由 2001 年的 13%增加至 2002 年的 16.5%，再增加至 2003 年前三季的 31%。

圖一：中國外匯存底與貨幣供給額

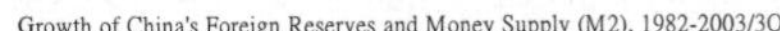

Growth of China's Foreign Reserves and Money Supply (M2), 1982-2003/3Q

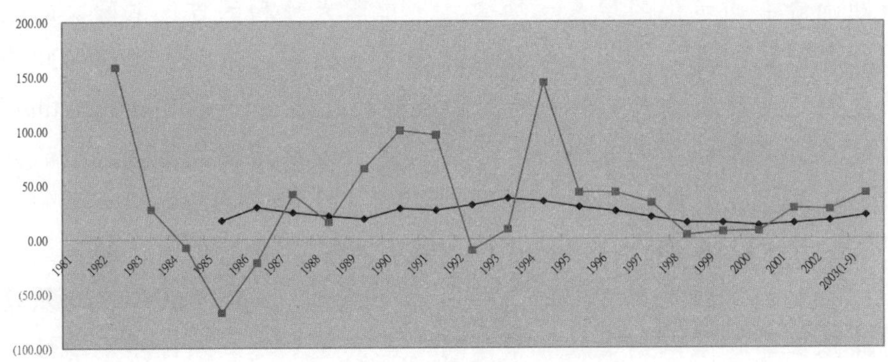

資料來源：中國人民銀行，中國金融年鑑，參閱(http://www.pbc.gov.cn)

就理論而言，中國大陸外匯存底的上升將可增加大陸中央銀行的基礎貨幣（亦即所謂的強力貨幣），進而增強大陸在金融體系提供超額流通的能力。不過，貨幣供給額的最終數量還必須取決於大陸銀行體系願意透過貸放而在實質經濟體中所創造的信用額度而定。換言之，大陸國有銀行的貸放決策也是影響貨幣供給擴張程度的重要因素之一。

從(圖二)中可知，儘管中國當局自 1998 年起就為了配合其所採行的積極性財政政策而開始鼓勵國有銀行擴大放款額度，但是直到 2002 年第二季開始銀行的放款額度才開始大幅增加。自 2002 年第二季開始銀行每季所增加的放款額度從未低於 5000 億人民幣，這是自 1998 年以來從會有過的情況。

圖二：中國銀行放款額度

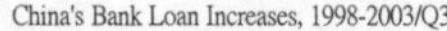

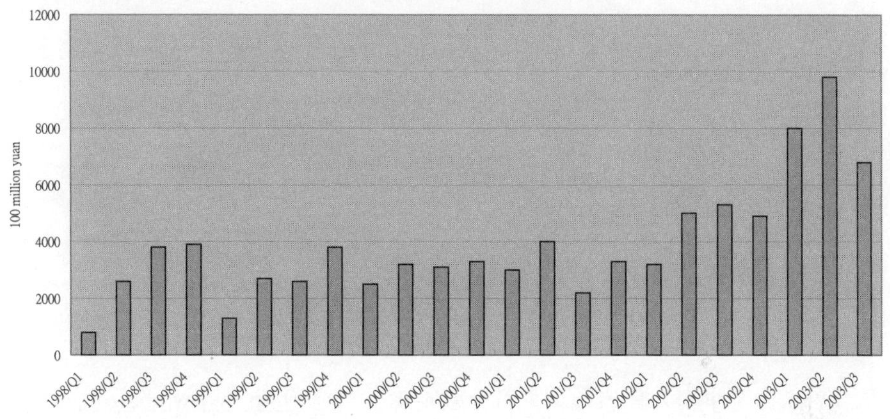

資料來源：人民銀行，中國貨幣政策執行報告，2003 年/第三季，頁 2。

這其中大部分的銀行貸款都被挹注於大陸固定資產的投資上。依據(圖三)的統計資料顯示，中國大陸對固定資產的投資總額年增率由 2002 年的 16.1%增加至 2003 年前三季的 30.5%，分別較 1999 年的 5.1%、2000 年的 10.3%，以及 2001 年的 13.0%高出甚多。此外，這些投資大部分都是由中國地方政府而非中央政府所進行的投資。例如，2003 年前三季中央政府對固定資產的投資數量為 3121 億人民幣，佔整體政府固定資產投資總額的 11.8%，這和前一年相比則下滑了 12%。相反地，地方政府的固定資產投資額則為 23393 億人民幣，佔整體政府固定資產投資額的 88.2%，相較前一年的投資則增加了 40.7%。[1]

圖三：中國固定資產投資

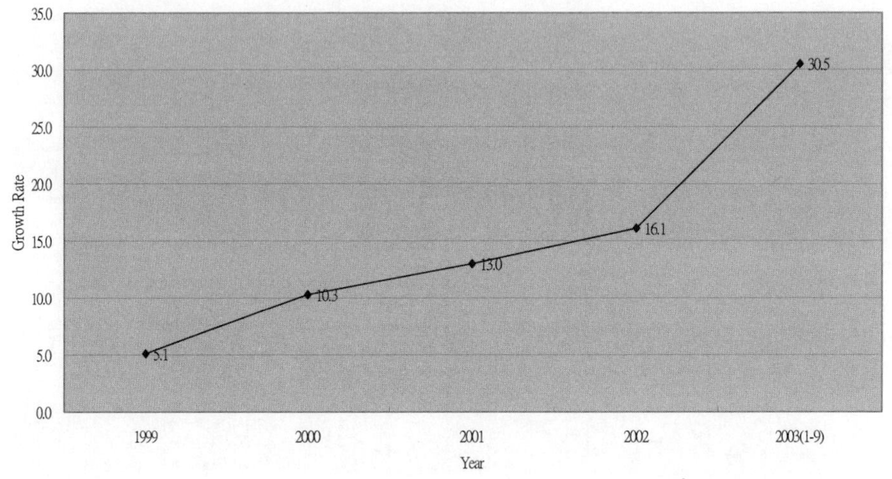

資料來源：中國人民銀行，中國金融年鑑，參閱(http://www.pbc.gov.cn)

從時間點上判斷，我們有理由相信大陸銀行放款和對固定資產投資額度的大幅增加的確是和中共在 2002 年底所召開的第十六屆黨代表大會以及 2003 年初所進行的權力移轉有關。因此，中國中央領導人希望透過創造在權力轉移期間的經濟榮景來贏得政治支持的這種意圖，也可視為是導致最近大陸貨幣擴張的一項潛在因素。

[1] 童振源，「中國經濟情勢發展：宏觀發展與政策」（手稿），頁 3。

中國大陸政治景氣循環的演變過程

針對西方民主國家的相關研究而言，政治景氣循環（PBC）是一個已被高度發展的研究領域，並在有關政治經濟學的理論與研究方法上都取得了重大的突破。簡言之，所謂的政治景氣循環理論認為，現任者會為了擴大其選票基礎，而透過採取擴張性政策的方式來創造選舉期間的經濟榮景，藉此增加其勝選的機會。[2] 儘管此一理論的說服力相當強，但在相關實證證據的取得上，卻因為受制於政府總體經濟政策工具的複雜性，以及民主國家中不同政府層級和部門的選舉週期相互重疊等兩項因素的影響而有其困難之處。[3]

不過上述實證研究上的困難，並不妨礙學者運用政治景氣循環理論來進行有關非民主國家之經濟週期和政治週期的連動性研究。

---

[2] 此一理論首先由若干研究美國政治的著名學者於 1970 年代所提出。參見：William Nordhaus, “The political business cycle,” *Review of Economic Studies*, Vol. 42 (1975), p.169-189; Ray Fair, “The effect of economic events on votes for president,” *Review of Economics and Statistics*, Vol. 60 (1978), p.159-173; Edward Tufte, *Political Control of the Economy* (Princeton: Princeton University Press, 1978).

[3] 有關政治景氣理論的相關論辯與有效性的實證研究，參見： David Golden and James Poterba, “The price of popularity: the political business cycle reexamined,” *American Journal of Political Science,* Vol. 24 (1980), p.696-714; James Alt and K. Alec Chrystal, *Political Economy* (Berkeley: University of California Press, 1983); D. R. Kiewiet, *Macroeconomics and Micropolitics* (Chicago: University of Chicago Press, 1983); Nathaniel Beck, “Elections and the Fed: Is There a Political Monetary Cycle?” *American Journal of Political Science,* Vol. 31 (1987), p. 194-216.

例如 Valeries Bunce 就運用政治景氣理論來針對社會主義國家進行分析。她發現在前蘇聯有關預算和投資優先性之政策變化的經濟週期的確和領導權更迭的政治週期之間有著密切的連動性。此一發現顯示，即便是在非民主的政治體系當中，政治人物也會在乎他在各群眾之間的受歡迎度，特別是在領導權更迭的期間更是如此。[4]

Lowell Dittmer 和吳玉山則是研究後毛澤東時代大陸景氣與蕭條的經濟週期和派系政治的政治週期之間連動性的先驅。有鑑於中國大陸是一個轉型中的經濟體並且具有特異政治發展歷程，因此在大陸的菁英鬥爭中「非正式政治」一向扮演了主要的角色。據此 Dittmer 和吳玉山認為後毛澤東時代大陸的景氣循環主要是依循著中國的改革步調，以及由鄧小平所領導的成長派和由陳雲所領導的穩定派之間的權力消長而變化。[5]

正如(圖四)所顯示的，在 1980 年代和 1990 年代初期這段期間，當大陸開始推動改革時都會出現經濟擴張的現象，而當經濟因此過熱時則又會採取降溫的措施，降溫措施則導致了經濟發展的停滯，而經濟停滯則又成為下一波新的改革浪潮的推手。不過這段期間內的政治景氣循環，主要是由鄧小平和陳雲所領導的兩大派系之間的權力和政策更迭所主導，而和政治菁英與大眾之間的週期性互動無關。換言之，中國大陸在改革開放初期的政治景氣循環和西方國家

---

[4] Valerie Bunce, “The succession connection: policy cycles and political change in the Soviet Union and Eastern Europe,” *American Political Science Review,* Vol. 74 (1980), p.966-977.

[5] Lowell Dittmer and Yu-Shan Wu, “The Modernization of Factionalism in Chinese Politics,” *World Politics,* Vol. 47 (1995), p. 467-494.

或 Valeries Bunce 所發現的蘇聯和東歐集團的政治景氣循環，兩者在本質上是有所差異的。

圖四：中國政治及景氣循環週期

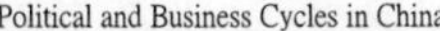

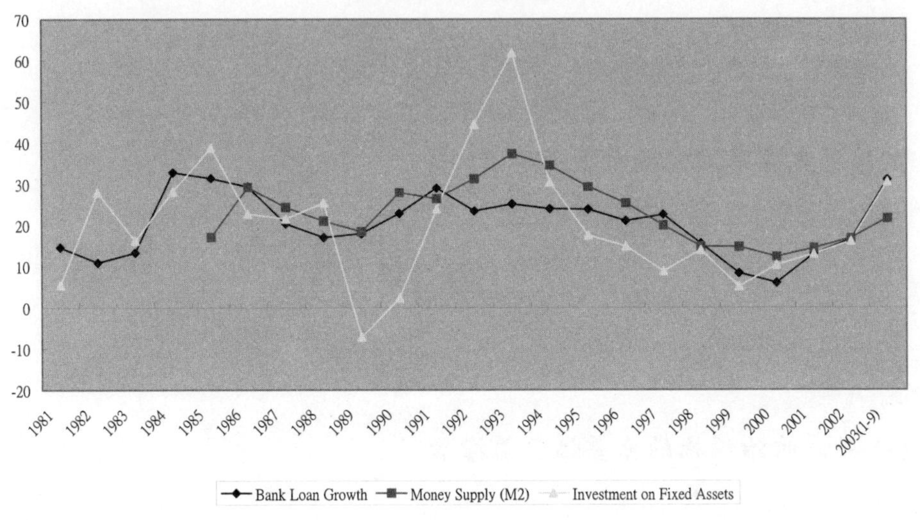

中共黨代表大會 → 改革週期

不過從 1987 年起，大陸的景氣循環就與中共黨代表大會和隔年政府的權力轉移發生了實際上的連動性。若從固定資產的總體投資額的角度來作衡量，大陸似乎每隔五年就會出現一次新的景氣循環週期，景氣的高峰分別落在 1988 年、1993 年、1998 年和 2003 年，而這些時間點也正巧都是中共召開第十三屆、十四屆、十五屆和十六屆黨代表大會後的隔年。從此一政治景氣循環的演進顯示，中國共產黨和政府等正式政治機構中所進行的週期性政治權力轉移，在決定大陸總體經濟政策上的重要性日益顯著。

此外，從圖表中我們亦可發現，從1993年起大陸經濟週期的變化已不再像過去那麼戲劇化。換言之，在中國採取緊縮政策前不必然會出現經濟過熱的情況；而緊縮政策也不必然會導致嚴重的經濟蕭條，甚至因此還必須採取新的刺激成長的措施。經濟週期的"正常化"似乎顯示出中國領導人越來越能夠熟練地運用各項政策工具來管理總體經濟環境。

政治景氣循環演變的主要趨勢

在有關中國大陸政治景氣循環的制度變遷上至少包括以下三項主要的演變趨勢：

(1) 正式政治機構的重要性日益增加

從(圖四)中我們亦可以發現大陸政治景氣循環正在逐漸轉型：經濟週期與派系政治週期之間的連動性逐漸下降，並轉而和政府權力轉移週期出現新的連動關係。從過去十五年間經濟週期和每隔五年召開一次的黨代表大會之間的連動性顯示，中國大陸也出現了Valeries Bunce在其他社會主義國家所發現的現象，亦即中國大陸的經濟週期也會依循政治權力的轉移而更迭；而公眾的力量的確間接地對中國的政策過程造成了影響。或許我們可以這樣說，中國的領導人現在和西方民主國家的領導人類似，同樣都會透過擴張性的貨幣政策來創造經濟榮景，藉此取得一般人民的政治支持。

這樣的轉變也顯示，當中國領導人處在權力轉移的過程中，除了來自派系領袖的支持外，他們也同樣會重視來自社會大眾的政治支持。此一現象在鄧小平和陳雲等革命元老去世或從 1990 年代開始凋零或退出政治舞台之後就更為明顯。換言之，儘管中國大陸仍是處在威權的統治之下，而且中國的領導人也不必受到來自人民制度化的制約，但政治領袖在一般大眾中所受歡迎的程度，已成為影響權力鬥爭成敗的一項重要因素，特別是牽涉到權力的轉移時更是如此。

(2) 從計畫經濟轉變為市場經濟

政治景氣循環的「正常化」（normalization）也顯示中國領導人所運用的總體經濟政策工具已從原先計畫性措施轉變為以市場機制為主的政策工具。如果我們將 2003 年至 2004 年的「十六大」期間和 1992 年至 1993 年「十四大」期間，中國是如何從最初的刺激經濟擴張，再到隨後將經濟降溫的整個運作過程作一比較的話，我們就可瞭解大陸中央銀行的相關機制究竟發生了多麼深刻的轉變。

在「十四大」的政治景氣循環期間，1992 年和 1993 年中國大陸的貨幣供給額的成長率分別為 31.33%和 37.32%。然而 2002 年和 2003 年貨幣供給額的成長則明顯較為溫和，只分別成長了 16.8%和 21.6%。正如表一所顯示的，中國大陸在 1990 年代初期的經濟擴張主要是透過計畫性措施來達成的。此期間鄧小平的南巡對於大陸財政和貨幣的擴張起了重要的作用。相反地，2000 年初中國領導人主要是仰賴市場性的措施來達成經濟擴張的目的。而為了抵銷亞洲金融危機的影響，中國於 1998 年開始採取「積極的財政政策」，亦即透過增加政府預算和加強中央銀行對於金融市場流通性挹注的方式來進一步刺激經濟的擴張。

而當中國企圖對經濟進行降溫時，1993 年年底中國總理朱鎔基首先替換了原先的人民銀行行長李貴鮮而改由自己兼任人行行長的職務，並透過黨所發佈的特別命令來要求所有的地方政府和國有企業停止進行中的投資計畫。這次朱鎔基花了三年的時間才達到經濟降溫的目的。而在 2003 年進行經濟降溫時，中國領導人卻維持了中央銀行的專業性。人民銀行運用了若干市場性工具，例如公開市場操作和調整銀行存款準備的方式來達到經濟降溫的目的。根據最新的數據顯示，今年 10 月份大陸銀行的放貸成長率已經降低，這顯示中國央行或許已經達成了經濟降溫的目的。

表一：大陸總體經濟政策工具的轉變

	朱鎔基推動行政革新之前	朱鎔基推動行政革新之後
擴張性工具	財政工具： ● 透過向中央銀行融通來增加政府的預算 ● 透過政治運動來鼓勵投資 貨幣工具： ● 在信貸計畫中擴大銀行的信貸配額 ● 擴大中央銀行直接對政府和國有企業的貸款 ● 擴大中央銀行對金融機構的轉融通 ● 降低利率(大部分是存款利率)	財政工具： ● 透過向金融市場發行債券來增加政府預算 貨幣工具： ● 廢止 1998 年的信貸計畫 ● 自 1995 年起中央銀行不再直接對政府和企業借貸 ● 擴大中央銀行對金融機構的轉融通 ● 降低利率(包括轉融通利率和重貼現利率) ● 降低銀行的存款準備率 ● 透過公開市場操作來增加市場的貨幣流通
緊縮性工具	財政工具： ● 削減正進行中的基礎建設投資 ● 派遣查核人員赴各地檢查投資計畫和財務實況 貨幣工具： ● 減少信貸配額 ● 減少中央銀行對政府和企業的借貸 ● 提高利率 ● 關閉非法/非正式的金融機構	財政工具： ● 削減政府預算 貨幣工具： ● 減少中央銀行對金融機構的轉融通 ● 提高利率 ● 調高銀行存款準備率 ● 透過公開市場操作來減少市場的貨幣流通

而在朱鎔基主政時期針對大陸總體經濟政策工具所進行的大幅度變革，主要包括以下三項：(1)強化中央銀行的獨立性；(2)針對國家銀行體系進行改革；(3)發展金融市場。(參見表二)。

表二：有關中國大陸總體經濟政策工具轉型的制度性變遷

增加中央銀行的獨立性	● 1995 年《人民銀行法》立法 - 規定中央的主要職責在於維持貨幣的穩定 - 規定中央銀行直接隸屬於國務院管轄，也就是獨立於財政部運作 - 禁止中央銀行直接對政府貸款。 ● 1998 年廢除信貸計畫 - 政府的經濟計畫機構不再制訂信貸計畫 - 在有關擴大信貸配額上不受地方政府的干預 ● 1998 年成立 9 個不受地方政府干預的跨區分行
國家銀行體系的改革	● 1995 年《商業銀行法》立法 ● 1998 年廢除信貸計畫 ● 自 1998 年起增加資本充足比例 ● 自 1999 年起開始減少不良放款比例
發展金融市場	● 1996 年成立國家同業貨幣市場 ● 1997 年成立遠期公債買回市場 ● 1997 年成立國家同業公債市場 ● 1998 年政府公債發行的市場化

加強中央銀行獨立性的目的在於使中央銀行不再承擔長期以來協助財政部發揮財政功能的角色。透過 1995 年《人民銀行法》的立法、1998 年信貸計畫的廢除，以及在 1998 年設立 9 個跨區分行等作為，已使中央銀行成為了獨立於財政部、中央政府經濟計畫機構和省政府之外的超然機構。《人民銀行法》中明確規定中央銀行的主要職責在於維持貨幣的穩定，同時中央銀行不得再直接對任何政府單位提供融資。

在社會主義時期，中國中央銀行主要依賴每年的現金計畫（cash plan）和信貸計畫（credit plan）來控制貨幣的供給。不過自從改革開放之後，這兩項貨幣工具由於眾多金融機構和金融工具的出現而不再可靠。因此針對政府所控管之利率進行調節逐漸成為另一項重要的貨幣政策工具。自 1998 年廢除信貸計畫之後亦促使中央銀行只能仰賴市場工具來維持貨幣的穩定。

國家銀行體系改革的主要目的在於降低系統性的金融風險和增強中國大陸國有銀行的競爭力。不過，此項改革在促使中央銀行由計畫經濟轉向市場經濟運作上也產生了深遠的影響。簡言之，在解下了國家銀行體系對於那些經營不善的國有企業所負擔的融資責任之後，銀行體系本身就能朝向利潤導向的目標轉型，各銀行也因此對中央銀行用來維持貨幣穩定的市場工具保持了相當的敏銳度。

金融市場特別是債券市場的發展提供了中央銀行進行公開市場操作的環境。由於中國財政部、國家政策銀行和中央銀行已透過金融市場發行了更多的政府債券，因此政府債券已經成為中國大陸金融機構所持有資產最主要的部分，債券市場也因此成為這些機構調節其流通性時最主要的市場。此一發展促使央行可以利用債券市場作為供給基礎貨幣的主要管道。正如(表三)所示，在 1999 年時共有 52%的基礎貨幣是透過公開市場操作提供的。

表三：1996 年～1999 年人民銀行供給基礎貨幣的管道(單位：10 億人民幣)

	1996		1997		1998		1999	
對金融機構的貸款	301	49%	-11	-3%	166	50%	122	33%
外匯存底	277	45%	307	81%	44	13%	101	28%
購買有價證券	0	0	113	30%	88	26%	-0.5	0
公開市場操作	-1	0	0	0	70	21%	192	52%
其他	39	6%	-29	-7.5%	-36	-10.7%	-47	-12.7%
總計	615	100%	281	100%	332	100%	368	100%

資料來源：謝多，中國公開市場業務實踐，<東南學術>, 2002, No.4, p.28.

(3) 全球化的效應日益顯著

最後，大陸政治景氣循環演進的第三項趨勢則是全球化效應日益顯著。正如圖一所示，1980 年代中國大陸外匯存底的變動情況很大。直到 1994 年進行外匯改革之後，中國當局針對大陸國內所持有的外匯採取了嚴格的管制措施，並將人民幣的匯率固定在 1 美元兌 8.28 人民幣之後，大陸的外匯存底自此才呈現了穩定增長的狀態。其後累積的外匯存底成為中國央行主要的基礎貨幣來源之一，而貨幣供給額的成長也和外匯存底的成長出現了緊密的連動關係。因此，例如貿易條件和國際資金流動趨勢等國際因素在決定中國大陸總體經濟環境上所扮演的角色將日益吃重。換言之，全球化效應的增加將侵蝕中國大陸的貨幣自主性。

例如從(表四)中可知，中國大陸對固定資產的投資在 1998 年出現了另一次的高峰。依據政治景氣循環理論的預測，這主要是由於經濟週期和 1997 年所召開之中共第十五屆黨代表大會之政治週期兩者間的連動關係所致。不過 1998 年大陸的貨幣供給卻因為亞洲金融風暴對大陸出口和外資流入的雙重打擊反而呈現出下滑走勢。而 2003 年則又是另一次例證。當 2003 年 3 月初中國完成政府權力轉移之後，中國央行就已發現若干的沿海城市出現了經濟過熱的跡象，並準備採取某些緊縮政策以為因應，不過後來卻因為非典型肺炎（SARS）的爆發而延後。而到了 2003 年夏季當中國央行認為此時是進行經濟降溫的適當時機時，卻又受制於國際間對人民幣升值預期所引起國外熱錢的流入，這使得央行所肩負的任務更顯複雜。

上述的例子顯示中國的經濟已日益國際化了，但政府的貨幣自主性也因此而受到侵蝕。中國領導人希望利用擴張政策以在關鍵的政治時點創造經濟榮景的企圖也會因此而受到國際環境所限制。

結論

本文針對了中國大陸在有關貨幣政策管理機制上所取得的進展進行分析。本文發現中國大陸和西方民主國家的政治經濟關係相類似，同樣存在著政治景氣循環的情況。所謂的政治景氣循環是指經濟上的景氣或蕭條週期和政治週期之間具有某種程度的連動性。透過針對大陸政治景氣循環演變的分析，本文發現大陸在 1990 年代以後產生了三個層面的深刻制度變遷：首先，在正式政治機構中所進行的權力轉移已取代非正式政治成為決定大陸經濟週期的主要因素；其次，當中國領導人必須運用擴張性的政策以創造經濟榮景時，他們越來越必須仰賴市場性工具而非計畫性措施來達成其目標；第三，國際因素在決定中國大陸國內貨幣環境上扮演了日益重要的角色，換言之，在全球化效應日增的影響下，中國政府的貨幣自主性已遭受到了很大的侵蝕。過去十年間中國大陸在有關菁英政治和貨幣政策管理上所經歷的制度變遷，已使中國政府更有能力維持市場經濟的穩定成長，但是日益增加的全球化效應也對中國貨幣政策的管理能力造成了很大的限制。

總之，過去十年期間中國大陸菁英政治和貨幣政策管理機制的轉變已使中國更有能力維持市場經濟的穩定成長，但是在全球化效應的影響下，中國貨幣政策的自主能力也將因此而受到限制。

人民幣應否升值?

-- 強勢人民幣的受益者不是日本而是中國大陸 --

Chi Hung Kwan (關志雄)

自從1970年代末中國改革開放以來，人民幣已經經歷了一段很長時間的貶值。人民幣的弱勢反映在中國以勞力密集為基礎之產品的快速出口擴張。不過隨著中國大陸外匯存底的急速增加，大陸產品的國際競爭力已顯著提高，因此此時正是人民幣升值的適當時機。如果中國政府一昧漠視此一新情勢發展，並試圖延緩人民幣升值的話，這將可能因此導致包括低效率的資源分配、經濟成長泡沫化，以及增加新的貿易摩擦在內的副作用。

近年來中國經濟的快速發展已被視為是導致全球貨幣貶值的主要源頭。在日本的帶頭下，世界各國已強烈地要求中國讓人民幣升值。不過基於日本和中國大陸貿易關係互補性大於競爭性的情況下，人民幣的升值對日本經濟可能會造成負面影響。

快速增加的外匯存底形成了人民幣的升值壓力

中國大陸外匯存底快速增加，到了2003年9月已達3839億美元，成為全世界僅次於日本的第二大外匯存底的國家。大陸外匯存底迅速增加的原因之一，在於大陸在所有主要項目的國際收支上都累積了大量的順差，例如主要顯示貿易狀況的經常帳項目和顯示投資狀況的資本帳項目都是如此。此外，統計數據顯示，大陸的國際收支平衡表在淨誤差和遺漏的項目上竟由原本代表資金外逃的負值轉為正值，這表示因人民幣升值的預期心理而出現了投機性資金的流入。這也是助長大陸外匯存底大增的另一項原因（圖一）。只要仍有地下資金流入，外匯存底就會持續升高。此失衡狀態的擴大將會導致中國大陸資源分配效率的下降、經濟過熱和與其他國家發生貿易發生貿易摩擦，大陸當局在處理此一問題上遭遇了相當的困難。

圖一：中國大陸增加中的外匯存底

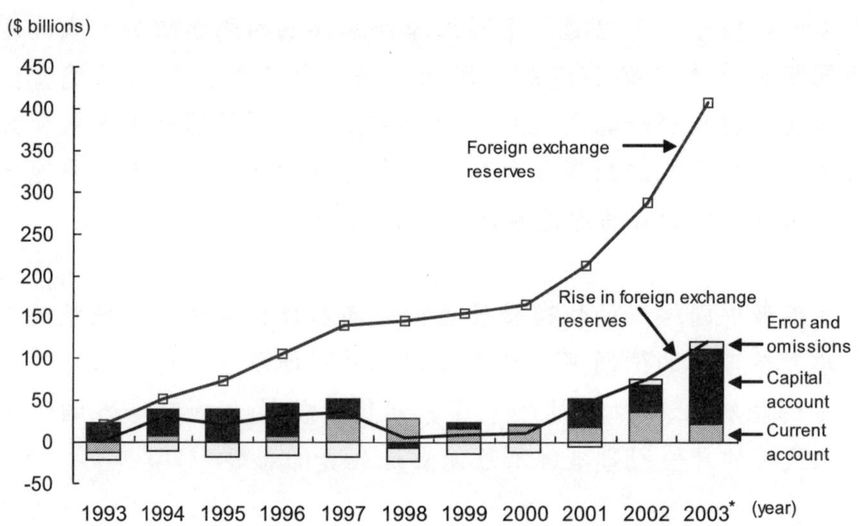

(Note) 增加的外匯存底 ＝ 經常帳收支 ＋ 資本帳收支 ＋ 淨誤差與遺漏。

* Figures for 2003 are estimated based on half-year figures. 資料來源: State Administration of Foreign Exchange, 參見〈http://www.safe.gov.cn/〉

對外貿易收支的失衡顯示目前的匯率明顯低於市場的均衡價格。儘管中國當局宣稱已採取了管理浮動匯率制度，但政策的重心卻始終是在「管理」而非浮動上。事實上自 1997 年亞洲金融危機以來，人民幣兌美元的匯率就從未浮動過。當人民幣相較於美元明顯低估時，美元的供給就會大於需求，此時政府就必須釋出更多的人民幣回收過剩的美元以穩定匯率。假設中國當局採行了純粹浮動匯率制度的話，此時因中央銀行不干預外匯市場，因此外匯存底水準將維持不變，但同時間匯率則會因此而上升，以維持外匯供給和需求的平衡。

當大陸政府強制性的將人民幣匯率維持在相對低估的價位時，大陸的外匯存底就會隨之進一步增加，因此所產生的負面影響將是顯而易見的。首先，由於政府對外匯市場的干預，造成了外匯存底急遽增加，但是因為這些外匯最後都會被央行用於投資例如美國政府債券等國外資產之上，因此這些辛苦賺得的強勢貨幣實際上不但不是用於發展本國的經濟，卻反向流向國外。其次，為了吸納干預市場後的流通性，政府會採取例如公開市場操作之類的沖銷政策以控制貨幣的供給。除了央行會出售所持有的短期債券以收回人民幣外，商業銀行的存款準備率也會因此而提高。例如從今年 9 月 21 日起大陸商業銀行的存款準備率就從 6%提高至 7%。而且由於實施沖銷措施的結果，國內的利率也會居高不下，如此又進一步吸引更多的熱錢流入。第三，萬一中國政府對貿易失衡的狀況不謀改正的話，則又勢必引起與主要貿易伙伴間的貿易摩擦。因此隨著美國大選年的逼近，明年美國政府要求人民幣升值的壓力將會更大。

為了維持外匯的穩定與矯正貿易失衡的狀態，中國政府已採取了一連串的措施來促使外國貨幣的流出與限制其流入。首先在鼓勵外幣流出方面，中國放寬了本國公司投資國外的限制，同時一併提高個人攜帶外匯出國的上限。另外中國又派遣代表團赴美緊急採購飛機和汽車。其次在限制外幣流入方面，中國宣布自 2004 年 1 月起，加值稅的退稅比率將整體平均調降 3%。現行的加值稅率為 17%

，平均退回稅率則為 15%，剩餘的 2%被視為是出口稅。即將實施的降低退稅率的措施等於是提高出口稅，希望達到減緩大陸出口的目的。

不過，中國當局鼓勵外幣流出的措施可能會使資本外逃惡化，而諸如緊急進口和提高出口稅率等措施則又會扭曲資源的分配。由於這些措施都有一定的副作用存在，因此中國還是應利用調整匯率的辦法來直接有效地解決貿易失衡問題。

匯率政策應因時制宜

不過，中國當局一再強調人民幣沒有升值的必要，中國媒體甚至警告這波由日本和其他國家所提出的促升要求其中有阻止中國大陸經濟發展的陰謀。人民幣升值的條件似乎已經成熟，為何中國還是一昧地阻止人民幣升值呢？

首先，中國過去成功的經濟發展經驗妨礙了新思維的產生。當 1997 年發生亞洲金融風暴時，中國運用了大量的外匯存底確保人民幣的穩定，並因此而免於遭受金融風暴的波及。中國成功地避免了亞洲各國貶值競賽的發生，贏得了的全球的讚譽。不過中國當局卻因此將追求貨幣的穩定與累積外匯存底當成了政策的目的而不再是政策的工具。

其次，中國大陸的經濟狀況仍然維持理想的狀態，中國當局認為沒有調整宏觀經濟政策的必要。外匯存底的增加通常都會導致貨幣供給額的增加，進而產生通貨膨脹的現象。一般認為這樣的情況就必須透過貨幣的升值才能維持物價的穩定。不過大陸目前的物價仍維持溫和上漲。相對於金融風暴時向下貶值的壓力，此時的外匯存底仍在增加，因此中國認為此時並沒有採取具體行動的急迫性。

第三，即便人民幣升值對整體國家有利，但某些受升值影響的團體仍然會持反對的態度。特別是強勢的人民幣將使大陸的產品相較於美元變的更貴，而降低產品的國際競爭力。相反地，相對於人民幣則進口貨的價格則會因為升值而變得相對便宜，這又會使大陸某些在比較利益上相對不利的產業，例如農業和無效率的國有部門蒙受負面的影響。

最後，來自包括日本在內的各國升值由求使得外匯政策問題由國內問題變成了國際政治的問題。

不過由於目前國內外經濟環境已有大幅的改變，此時已到了檢討中國外匯政策的時候。以下將針對上述各項論點進行批評，以凸顯出人民幣之所以應該升值的理由。

第一，亞洲金融風暴時其他國家要求中國維持人民幣的穩定不要貶值。不過現在國際社會卻針對人民幣的穩定不升值加以批評。由於日本、歐洲和美國都察覺到了對中國貿易失衡的狀況日益嚴重，特別是美國在 2002 年對中國大陸的貿易逆差超過了 1000 億美元，大陸如果再致力於阻止人民幣的升值勢必得付出貿易摩擦的代價。

其次，中國大陸的外匯存底目前以達 4000 億美元，已超過了亞洲金融風暴時期的兩倍以上。如果再將外匯存底的投資報酬遠低於國內投資的情況考慮進去，那麼中國外匯存底的數量可能就超過了合理的程度。此外，快速增加的外匯存底已使中國當局更難針對貨幣供給額進行控制，這將使房地產市場泡沫化的情況更為嚴重。

第三，中國進入世界貿易組織後出口的成長仍然強勁。因此出口商對於人民幣升值的反應可能較不強烈。就本質而言，外匯政策的目的在於穩定宏觀經濟，特別是對外收支帳的平衡。如果強行賦予外匯政策其他的目的，例如保護本國劣勢產業的競爭力，政府當局就必須承擔其他副作用的準備。工業政策和社會弱勢者安全網的建立都必須透過例如預算措施等更直接的手段才能進行。

最後，對於國外所提出人民幣升值的要求，中國不應情緒化。外匯政策應依據本國的利益而在冷靜中作成決定。事實上就在不久之前，在中國的媒體上也曾出現過呼籲人民幣升值的聲音。不過當外來的壓力升高之後，這樣的聲音就完全被反對的聲浪所淹沒。此種由政府來引導民意形成的作法只會對政府可用的政策工具造成限制，並不符合中國本身的利益。

任何國家在開始都有一種墨守成規的政策傾向，中國的外匯政策也不例外。為了改善這種政策惰性的現象，中國國家主席江澤民在 2002 年秋中共第十六屆全國代表大會的報告中表示，為了實行改革，我們應維持開放的心胸，從事實中找尋真理並且跟上時代的腳步。事實上，在有關中國的匯率政策的檢討上，所需要的正是這種態度。

中國正在尋求新的匯率管理機制

除了匯率的調整外，中國外匯制度本身也需要進行改革。首先，有鑒於日圓對美元匯率的大幅波動，以及大部分亞洲國家都已採取管理浮動匯率制度的背景下，再維持目前以釘住美元匯率來維持人民穩定的作法將造成人民幣和其他貿易伙伴貨幣之間匯率大幅波動。這對大陸的貿易和整體經濟而言是一項不穩定的因素。同時，資本移動的增加亦使得大陸更加難以針對貨幣的供給和利率進行控制。此外，再就維持獨立貨幣政策的角度而言，也應拋棄目前所採行的這種實質上固定匯率制度。

人民幣應選擇在經濟基本面狀況良好和人民幣有升值壓力的時機來放棄目前釘住美元的制度。此時正是一個好機會，因為各方面的條件漸趨成熟。在作法上則可採較務實方式，在數年內逐步升值，而不採一步到位的大幅升值方式。

不過，政府基於資本移動增加而承認外匯政策必須調整，並不意味政府就應主動針對資本部門進行開放。事實上，依據 1997 亞洲金融風暴的經驗顯示，由於發展中國家的金融部門均較為脆弱，因此在資本自由化的過程中，應採取十分謹慎的方式。儘管中國大陸躲過了此次的金融危機，但這並不表示大陸的經濟和金融市場處於穩健的狀態，而是因為資本部門的交易受到了政府的嚴格管制，以及存款戶願意信賴這些在政府保證下的銀行所致。事實上大陸銀行不良貸款比例之高的情況顯示，大陸銀行部門的脆弱程度相較於那些遭受金融風暴襲擊的國家時有過之而無不及。在中國大陸進入世界貿易組織後，由於有大量的外商銀行湧入，在激烈的競爭下，國內銀行的生存恐將更為困難。

中國大陸倘若在未考量本身金融體系相當脆弱的情況下，就貿然開放資本市場交易將會相當危險。特別是如果開放短期資本移動，則必然加速泡沫經濟的擴大和大量國外的熱錢流入本地的房地產和股市；一但隨著外資撤出，將產生嚴重的不良放款問題，進而使泡沫破滅。另一方面，中國入世之後隨著外商銀行的全面進入大陸，國營銀行所享有的優勢將逐步受到侵蝕，更增加了存款戶其他銀行的可能性。為了處理此一情勢，大陸可能就必須以引起通膨為代價印製更多的鈔票，或以嚴苛的條件來接受國際組織的幫助。而上述這兩種情況都會導致中國大陸經濟的嚴重衰退。

資本市場的自由化必須在以下的先決條件下開放才不會導致金融市場的不穩定。第一，資本市場必須獲得進一步的發展，使得各公司可以透過直接融資的方式來取得資金，而不必過份地仰賴銀行。其次，銀行本身必須透過私有化和組織的改革快速建立起公司的管理制度。於此同時，銀行的借貸者—國營企業本身的改革也必須加速。最後，政府必須透過加強對金融體系的管理和對銀行監督的方式來在一定程度上保證存款的安全性。

強勢的人民幣對日本不利

近年來，中國大陸令人矚目的經濟成長已成為全球通貨緊縮得元凶，而在日本的帶領下，各國要求人民幣升值的聲音四起。日本政府對於人民幣問題的看法可從 2002 年 12 月 12 日由日本副財相黑田東彥（Haruhiko Kuroda）和其副手河合正弘（Masahiro Kawai）在「金融時報」民意專欄中所共同發表的一篇名為「全球復脹的時機到了」（Time for a Switch to Global Reflation）的文章中看出。該文指出，自從亞洲諸如中國大陸等新興市場進入全球經貿體系之後，對各工業化國家造成了通貨緊縮的壓力，而為了解決此波全球通縮的問題，除了日本、美國和歐洲各國必須進行政策協調外，還必須取得中國大陸在貨幣鬆綁和人民幣升值上的合作。

不過我們很難因此就認定中國大陸就是造成日本通貨緊縮的主因，2002 年日本自中國大陸只佔日本國內生產毛額的 1.5%而已，而且如果再將兩國在貿易上競爭程度很低的情況列入考量的話，則無論從直接或間接國際競爭的角度而言，中國大陸造成日本通縮的程度有限。此外，大陸的通膨率或者更精確的說是指通縮率和日本的程度類似，因此如果說中國大陸是造成日本通縮元凶的話，那麼反過來說則也可以成立。

有鑑於此，即便是中國大陸的通縮真的加速了日本的通縮，但它真的構成了一個問題嗎？為了回答這項疑問，我們就必須先區別出「好的通縮」和「壞的通縮」兩者的不同。好的通縮是指可以擴大日本生產規模的通縮，壞的通縮則是指會導致日本產量下滑的通縮。

很顯然的，日本媒體所強調的是通縮壞的一面。換言之，如果中國大陸出口產品的價格下滑，就假設大陸的產品將會取代日本產品在本國或其他第三國的地位，進而對日本產品的產量造成負面的影響。

不過此波由中國大陸引起的通縮也其有好的一面。若就日本公司由中國大陸進口了大量零組件和中間貨物的角度而言，便宜的中國產品降低了日本公司的生產成本，因此雖然價格下滑，但卻對有助於產量的提高。

因此有關此次通縮究竟是好的通縮或壞的通縮的問題，主要還是取決於日本和中國大陸兩者的貿易關係究竟是屬於競爭或互補的關係而定。如果是競爭關係，那麼由於它對需求面的影響，就會產生很大的負面作用。反之，如果雙方的貿易關係是互補關係，那麼對於日本產品產量的提高就有很大的正面作用。當我們檢視中日兩國實際的出口結構時就會發現，日本的出口大宗是高附加價值的高科技產品，而中國大陸的出口大宗則為低附加價值且低技術的產品。換言之，中日兩國的經濟活動只在少部分的地方有競爭關係，兩國的貿易主要還是呈現互補的貿易關係。因此對日本的生產者而言，中國大陸的通縮應是好的通縮才對，它有助於增加日本產品的產量。

此外，上述的分析是從日本公司的角度所做的分析。對日本消費者而言則沒有區分好的通縮和壞的通縮的必要。就全體大眾而言，其實就像油價下跌一樣，中國大陸進口產品價格的下滑就代表日本貿易條件的改善，所有民眾的實質所得都會因此增加。

相反地，一但人民幣升值，則由於中國大陸經濟減緩所產生的「所得效果」和由於中國產品在國際市場價格上揚所產生的「價格效果」，反而會對日本的經濟造成負面影響。

首先先考慮所得效果。如果人民幣升值，中國大陸產品在國際市場的競爭力將因此下滑，那麼由出口所推動的大陸經濟發展將因此而減緩。但是，由於中國大陸的貿易有很大的比例是由產品加工所構成，日本對大陸的也出口將因此而減緩。這對於對大陸出口仰賴甚深的日本而言將會是沈重的打擊。

其次再考慮價格效果。中國大陸產品價格的上揚，很自然地就會使日本產業面臨投入和產出價格上漲的壓力，不過對個別產業的影響程度不同。一般而言，對於在產出面與中國成競爭關係的產業而言，產出價格所受到的影響會最大，而利潤和產量將會增加。換言之，人民幣升值的受益產業將僅限於日本不再具競爭優勢的勞力密集產業。相反地，對於那些在投入面與中國成互補關係的產業而言，投入價格的上漲幅度將大於產出價格的上漲幅度，也就表示了利潤和產量雙雙都會下滑。因此就個別日本的公司而言，凡是該公司產品在日本或國際與大陸產品處於競爭關係的公司，該公司的競爭力將隨著人民幣的升值而增加；但是對那些自中國大陸購買中間貨品的公司而言，則會隨著產品成本的增加而受到負面的影響。

而就強勢人民幣所產生的價格效果對整體日本經濟的影響而言，如果絕大部分的日本產業都與中國大陸產業處於競爭關係的話，則日本總產量將會增加，即需求曲線將會向右移動如(圖二)。

圖二：強勢的人民幣對日本經濟的影響

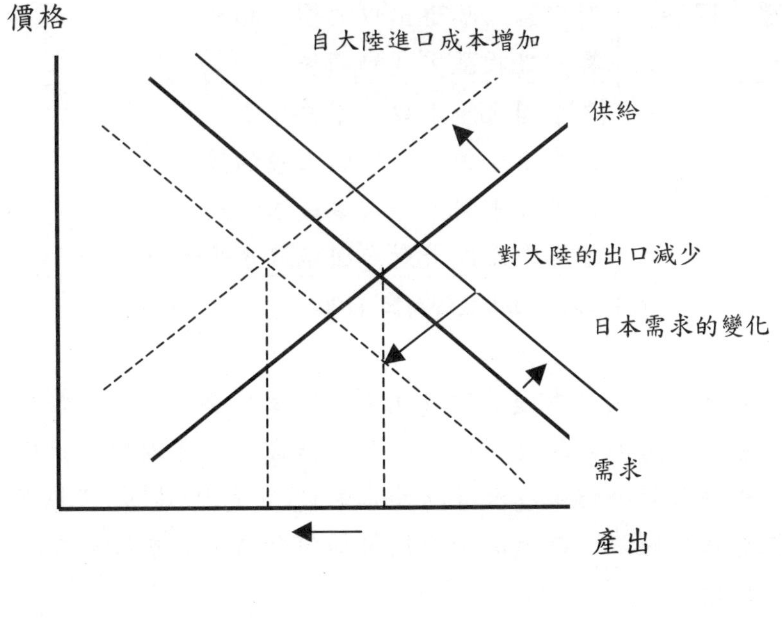

不過實際的情況卻是，日本大部分的產業都與大陸呈現貿易互補的關係，因此會產生很大的負面影響（因為供給曲線會大幅地向左移動）。如果再將上述的負面所得效果一併列入考慮的話（亦即需求曲線向左移動），則強勢人民幣對日本的產出將會是負面而不是正面的影響。事實上，依據「日本經濟新聞」(*Nihon Keizai Shimbun*) 在 9 月初針對主要日本廠商所做的問卷調查顯示，37%的回答者表示人民幣升值將會對公司產生負面的影響，大於 16%認為會有正面影響的公司（表一）。

表一：強勢的人民幣對日本公司的影響

正面影響（16%）	對中國大陸的出口增加 中國大陸產品的競爭力下滑 人民幣資產價值增加
中性影響（47%）	與中國大陸相關的生意規模不大 對中國大陸進出口的價值相等 具有吸收匯率波動的能力
負面影響（37%）	自中國大陸進口的價格增加 日本生產設備在中國大陸的競爭力下滑 日本在中國大陸人事成本增加 強勢的人民幣對中國經濟產生不利影響

資料來源：日本經濟新聞 (2003 年 9 月 20 日)

因此有關中國是日本通貨緊縮元兇，以及只要透過人民幣升值通縮就可獲得改善的說法並不成立。其實造成日本通縮的真正原因仍然是在結構改革的遲緩以及伴隨而來的經濟下滑，因此只要這樣的問題沒有獲得解決，則無論是人民幣如何升值，日本經濟都不可能因此而復甦。

人民幣的長期展望

儘管在過去二十五年間，中國的年平均成長率接近 10%，但是大陸的每人平均國內生產毛額卻仍然只有 1000 美元，而且國內生產毛額也只有約美國的 10%（圖三）。

圖三：中國對美國的國內生產毛額

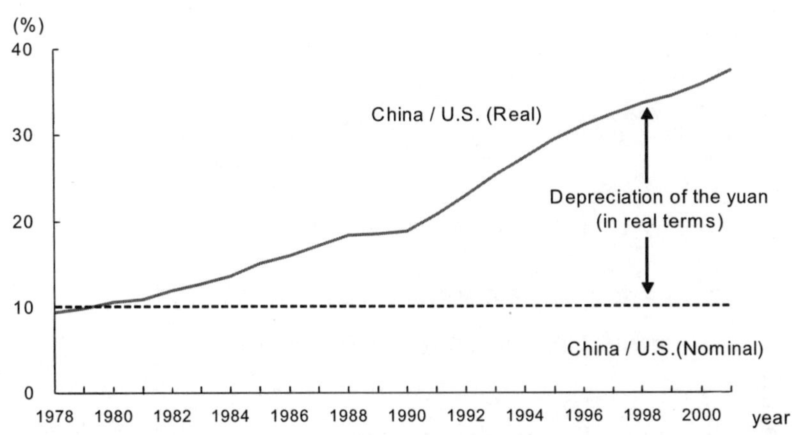

資料來源：國際貨幣基金，國際金融統計

相較於 1978 年 1.68 人民幣兌換 1 美元的匯率，比起現在 8.88 人民幣兌一美元的匯率，人民幣貶值了 80%。人民幣貶值不只是在名目貶值，在考慮國內外通膨率後的實質價值上也是呈現貶值的狀況（圖四）。我們或許會認為人民幣貶值的原因是因為中國政府在政策上故意讓人民幣維持低的匯率以提振出口，但是即使政府能夠控制名目匯率，實質匯率應該還是由經濟基本面所決定才對。名目匯率的被低估會導致通膨的上升，但卻不必然導致實質匯率的貶值。

圖四：人民幣對美元走勢

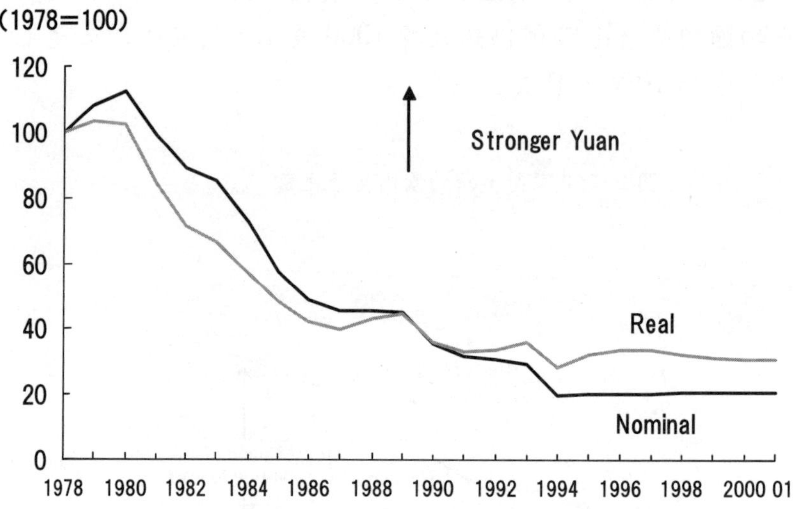

註： 實質匯率依據美中兩國的 GDP 偏差指數而定。
資料來源:國際貨幣基金，國際金融統計

「購買力平價」(The purchasing power parity, PPP)可作為我們瞭解匯率長期走勢的一個起點。該理論認為，本國貨幣匯率會隨著國內外通膨率差距的比例而貶值，因此實質匯率在一段時間內是維持不變的。不過以下的兩項效應卻會造成名目匯率偏離購買力平價，進而導致實質匯率的變動。第一是指經濟發展越快則實質匯率的上升速度也越快，這就是「巴拉薩—薩繆爾遜假說」(Balassa-Samuelson hypothesis）所提出的效應（圖五）。其次，實質匯率也會取決於出口（國內生產部分）對進口（國外生產部分）的相對價格，亦即貿易條件變化所產生的效應。在其他條件不變的情況下，貿易條件的改善會導致實質匯率的上升。

圖五：巴拉薩—薩繆爾遜假說

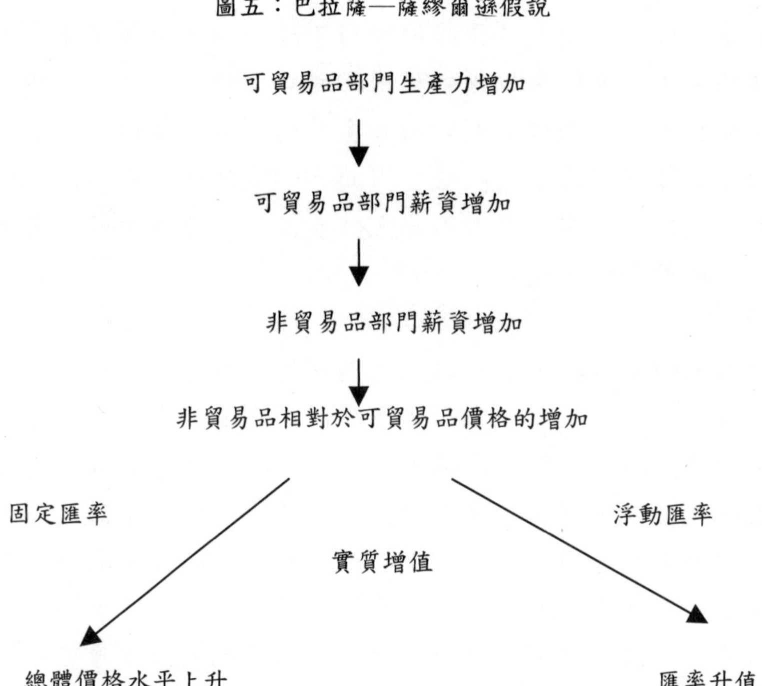

然而，巴拉薩一薩繆爾遜假說的效應卻沒有中國大陸的顯現。儘管經濟成長率很高，但人民幣對美元的名目匯率卻以超過大陸與美國通貨膨脹率之差的比率下降，因此實質匯率也在大幅下降。這是因為中國大陸農村有幾億人口的剩餘勞動力，因此貿易產品部門的生產率提高，並不一定會引起實質工資的上漲。

同時，中國大陸貿易條件的變化也對實質匯率產生負面效應。1970 年代末的改革開放政策促使了中國大陸開始依據比較利益的原則融入全球經濟當中。中國大陸的比較優勢當然是豐富的勞動力供給。因此中國大陸的工業化增加了全球市場勞動密集產品的供給，而資本和技術密集產品的需求也同時增加，這導致了勞動密集型產品對資本技術密集型產品價格的相對下降。由此引起了中國大陸貿易條件的惡化，亦即出口價格相對於進口價格的下降。由於出口是國內生產的部份，而進口則是國外生產的部分，所以貿易條件的惡化導致了大陸實質匯率的貶值。因此我們應該這樣看待人民幣的匯率走勢：人民幣匯率的下滑不是大陸產品國際競爭力的來源，反而是中國大陸產品缺乏競爭力的反映。

從以上的分析顯示如果以下的兩個條件符合的話，人民幣的實質匯率可能會上升。第一，如果大陸農村剩餘的勞動人口能夠完全被工業部門所吸收，則生產效率的提高將可促使整體實質工資的上漲，由此就可以導致實質匯率的上揚。其次，隨著中國大陸工業化的進展，如果大陸開始出口較少的勞力密集產品，代之以出口技術密集的產品，那麼中國大陸的貿易條件將會隨之改善，進而推動人民幣的升值。儘管中國要完全雇用廣大的勞動人口還要花一段很長的時間，但是工業結構的改進也可以改變大陸的貿易條件。大陸產品在國際市場競爭力的提高顯示人民幣有上揚的可能。

目前中國的 GDP 總值為 1.08 兆美元，還不及美國 9.87 兆的十分之一。即使人民幣對美元的價格固定不變，而中國大陸和美國都繼續以每年 8%和 3%的速度成長的話，中國的 GDP 要超過美國也是 46 年以後的事情。不過如果不久之後人民幣能由原本下滑趨勢改變為上升趨勢的話，則中國要趕上美國的時程將會因此而大幅縮短了。

論中國的高儲蓄率

Rick Harbaugh（李克）

自1980年代初起中國大陸的國家儲蓄率一直居於全球之冠。不過和社會主義時期不同的是，目前大陸的儲蓄都是屬於自願性的儲蓄，而和過去為了將資源導向投資面而故意抑制消費所造成的高儲蓄率並不相同。本文主要探討中國大陸高儲蓄率的原因以及高儲蓄率對其經濟的影響。

前言

隨著鄧小平改革開放後中國大陸人民所得的快速增加，大陸家庭的儲蓄率也開始快速升高。今天大陸已成為全世界國家儲蓄率最高的國家。對於一個剛脫貧的發展中國家而言，儲蓄率上升原本並不令人意外，不過大陸儲蓄率上升的幅度與規模卻脫離了經濟理論所能解釋的範圍。依據「生命循環假說」(life-cycle hypothesis)[1]和「恆常所得假說」(permanent income hypothesis)[2]的消費理論認為，人們會選擇在收入高的時候進行儲蓄，而在收入低的時候動用儲蓄，藉此達到平滑（smooth out）某段時間消費的目的。而此一跨時消費理論最直接的推論則是，當消費者的所得處於上升階段時，消費者會

---

1 F. Modigliani and R. Brumberg, "Utility analysis and the consumption function: an analysis of cross-section data,."in K. Kurihara, *Post-Keynesian Economics* (New Brunswick, NJ : Rutgers
University Press, 1954).

2 Friedman M., *A Theory of the Consumption Function* (Princeton: Princeton University Press,1957).

立刻開始增加他的消費支出，以便享受未來所得成長所帶來的好處。不過很顯然的，此一預測結果並未在中國大陸出現。

事實上，所得的快速增加所導致的高儲蓄率在過去許多高成長的經濟體中都曾經出現過。例如日本、台灣、南韓和香港都是如此。高儲蓄率現象在全球第二大經濟體中國大陸重現，不但對經濟理論造成了更大的挑戰，而且高儲蓄率對中國大陸經濟的影響也是值得我們關切的問題(圖一)。

圖一：各國高儲蓄率

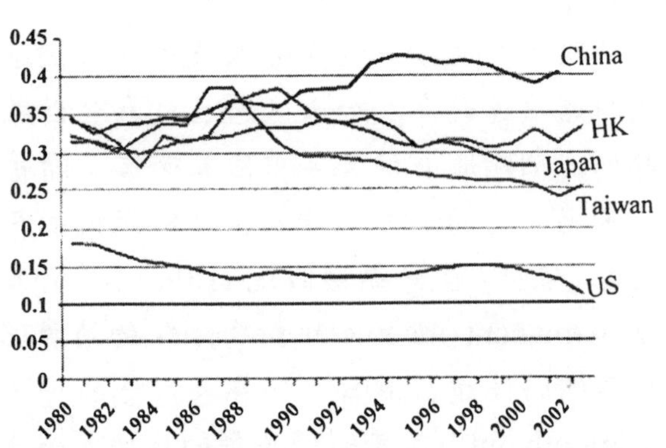

本文首先針對各種可作為解釋中國大陸高儲蓄率的理論進行檢閱。其次再依據相關的理論主張來評估高儲蓄率所可能維持的時間。最後，再針對高儲蓄率對中國大陸經濟的影響進行分析。

理論

儲蓄不但是消費者跨時分配消費的一種方式，而且也是企業進行投資的資本來源。因此一個經濟體的儲蓄應是儲蓄供給，主要是來自消費者和投資需求，主要是來自企業之間的函數，並由此形成市場上的利率價格。

首先在供給面方面，依據「生命循環假說」和「恆常所得假說」的理論，消費者會選擇在所得高的時候進行儲蓄，而在所得低的時候動用儲蓄，藉此達到平滑消費的目的。更重要的是，消費者在年輕的時候會透過借貸來支付教育、房屋和其他昂貴貨品的消費，在中年時期則會償還這些借貸並且累積儲蓄以待退休，而在老年時期則會開始動用這些儲蓄。

而在需求面方面，如果我們假設全世界的資本市場是處於相對開放的狀態，那麼由於資本可同時從國內或國際市場取得，因此國內投資需求對於國內儲蓄的影響就不大，亦即跨國間儲蓄率的變化絕大部分將取決於本國儲蓄供給的變化。因此一般標準型的儲蓄理論就主張，一國的儲蓄率主要是取決於儲蓄供給的大小，亦即是由生命循環假說和恆常所得假說的理論所決定；而在儲蓄的需求面，也就是本國的投資需求對儲蓄率的影響則相對有限。

不過相關的數據卻似乎和上述的理論預期相左。相反地，一國的儲蓄率和國內的投資及成長有著密切的關係。其實如果我們將全世界資本市場相對開放的假設放寬，那麼投資和消費之間具有某種相關性的現象也就不足為奇。例如「梭羅成長模型」(solow model)就認為，高儲蓄率的確會導致較高的資本累積和較高的經濟成長。

而其中比較令人意外的發現則是由Carroll和Weil所提出的「成長—儲蓄的矛盾」(growth-savings paradox)[3]現象，亦即當經濟體開始出現快速經濟成長時，在儲蓄率開始上升之前反而會先有一段延宕期的出現。

由於目前相關理論對於儲蓄率的解釋仍有所欠缺，因此我們不能僅從直觀的角度來解釋中國大陸高儲蓄率的原因。以下的幾項因素是一般認為可能促成中國大陸高儲蓄率的原因。

文化因素

由於許多高儲蓄率的國家都是出現在亞洲，因此文化因素理所當然地成為解釋大陸高儲蓄率時比較直接的因素。在一個標準的經濟模型中，都會將消費者決策時所反映出來對未來的「折現率」(discount rate)作為影響消費者的偏好參數之一。每個人對未來的折現率都有很大的差異，而且會受到教育所影響。例如年輕人通常都具有極高的未來折現率，他們強調的是未來而非當下的重要性，而這主要就與他們所接受的正式和非正式教育有關。就亞洲地區的文化而言，一般都特別強調長期的重要性。當此一傳統成功地教育給了年輕人，才促成了亞洲地區較高的儲蓄率。此外，亞洲人喜歡以儲蓄遺贈子孫的習慣也是造成高儲蓄率的另一原因。

---

[3] Christopher D. Carrol and David N. Weil, "Saving and growth: a reinterpretation," *Carnegie-Rochester Conference Series on Public Policy*, Vol. 40 (1994), p.133. p.192; Christopher D. Carroll, Jody Overland, and David N. Weil, “Saving and growth with habit formation,” *American Economic Review*, Vol.90 (2000), p.341. p.355.

不過單純以文化因素來解釋高儲蓄率其實是有問題的。第一，它無法解釋為何包括日本和台灣等亞洲國家的儲蓄率在所得成長之前都曾有過偏低的現象？其次，當這些亞洲國家的所得成長減緩之後，他們的儲蓄率卻又會隨之大幅下降？此外， Horioka的研究還發現日本人願意將儲蓄遺贈子孫的程度相較於美國更低。[4]而Kraay 則在針對其他許多標準因素進行分析之後，發現這些因素對於大陸的高儲蓄率其實都無法提供有力的解釋。[5]因此文化因素或許的確是促成大陸高儲蓄的原因之一，但卻絕對不是最重要的因素。

保險市場尚未成熟

生命循環假說的前提是假設消費者可以完全確認他們所可能遭遇的風險。事實上許多的風險其實都是不可確知的，或者只能部分確知的。例如因為資訊不對稱等因素所造成的市場失靈就會導致消費者對風險的不確定。因此當所得狀況不確定時，消費者就會透過儲蓄來平滑他們在所得改變時，無論可預期或不可預期的消費。例如，當消費者有被裁員的恐懼時，就算是他的平均收入有增加的可能，但他還是會願意選擇儲蓄。此種預防性的儲蓄類型可以解釋為何當所得可能上升時儲蓄率卻並未下降的原因。此外，由於未開發國家經濟成長率較高的可能性較大，而且他們的保險市場也尚處於發展階段，因此在這些國家所出現的儲蓄和所得成長之間的正相關性其實是可以理解的。

---

4 Charles Y. Horioka, “Are the Japanese selÞsh, altruistic, or dynastic? ”, *NBER working paper* 8577, 2001.

5 Art Kraay, “Household Saving in China,” *World Bank Economic Review* (2000).

不過參數化的模型並不能針對各國所得成長和儲蓄之間的跨期（intertemporal）關係提供有力的解釋。[6]例如對於一個正處於貧窮狀態的人而言，預防性儲蓄的重要性就大過一切。但當他的所得上升而且儲蓄也增加時，預防性儲蓄的需求就會開始下降。不過數據顯示，只要所得的增加仍然維持高成長，則儲蓄率還會繼續升高。

就中國大陸而言，大陸的社會和私人保險市場仍處於發展的階段，因此人民有很強的從事預防性儲蓄的動機，尤其對農民而言更是如此。不過亞洲地區的其他經濟體也同樣曾經歷過保險市場尚未成熟的階段，因此若只以預防性儲蓄作為解釋中國大陸高儲蓄率的理由並不充分。此外，就此一地區保險市場已充分發展的國家，例如香港和新加坡而言，只要所得繼續成長，則他們的儲蓄率還是會是居高不下的。

流通性限制

如果一個國家信貸市場尚未發展成熟的話，那麼生命循環假說中所建構的：人們會在年輕時借貸消費、中年時儲蓄，退休時動用儲蓄的理論就無法成立。年輕人或許根本不能透過借貸來支付教育、居住和其他昂貴的財貨消費，而是必須在一開始就累積必要的資金。因此即使是年輕人，他也可能會成為一個儲蓄者。此外，在短期借貸不易的情況下，為了應付突發性的支出，預防性儲蓄對個人而言還是相當重要的。

---

6 Christopher D. Carrol, Jody Overland, and David N. Weil, “Saving and growth with habit formation,” *American Economic Review*, Vol. 90 (2000), p.341. p.355.

有鑑於許多亞洲國家信貸市場的不成熟，因此流通性不足已被視為是導致亞洲地區儲蓄率高的理由。不過信貸市場的相對不成熟並不等於信貸供給不足。事實上亞洲地區的儲蓄需求一直很高，因此只要這種情況不變，那麼相對的消費者貸款的需求就會持續不振。此外，由於大部分的消費者都尚未進入信貸市場，因此發生逆向選擇（adverse selection）問題的可能性很高。就中國大陸而言，信貸取得不易的確成為大陸高儲蓄率的原因之一，但影響的程度則有待商榷。例如以資本市場已完全發展的香港和新加坡為例，兩地資本市場的成熟也並未促使儲蓄率的大幅下降。

歷史經驗

由於中國大陸人民過去都經歷過貧窮，因此預防性儲蓄在解釋大陸高儲蓄率方面就特別具有很強的解釋力。有研究顯示，由於20世紀的亞洲最為動盪不安，因此亞洲的儲蓄率最高；而歐洲則為儲蓄率次高的地區，至於美洲則由於大部分時間都處於安定的狀態，因此儲蓄率最低。而19和20世紀的中國大陸可說是處在極度混亂的狀態，在人民的不安全感特高的情況下，因此導致了高的儲蓄率。

歷史因素或許的確可以解釋中國大陸相對高的儲蓄率，但對於高儲蓄率的整體趨勢卻無法提供有力的解釋。例如大陸農村是遭受諸如大躍進等運動迫害最深的地區，因此農民的儲蓄率應該會持續升高才對，不過(圖二)的數據卻顯示，大陸農村的儲蓄率在改革開放之初的確開始上升，但之後有一段時間下滑，其後才又再度上升。相反的，城市居民的儲蓄率卻一直處於穩定的上升狀態，這也和他們的歷史經驗未必相符。

圖二：中國家庭儲蓄率

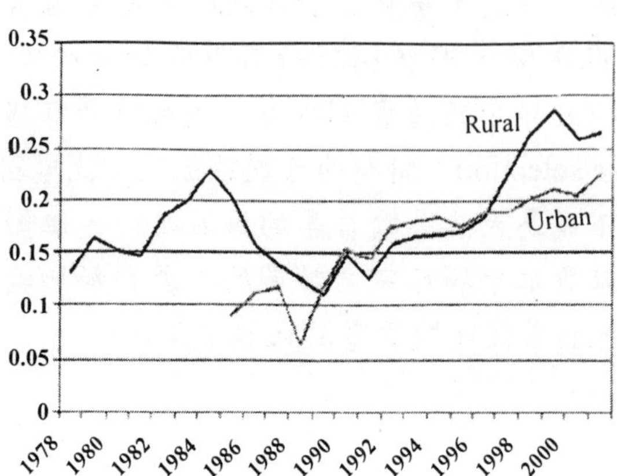

經濟轉型的因素

儘管高儲蓄率在東亞地區是個普遍的現象，但中國大陸儲蓄率增加速度卻明顯超過其他地區。因此中國大陸由計畫經濟轉型為市場經濟的特殊經驗也可能是造成大陸高儲蓄率的原因之一。例如，改革開放之初由於大陸人民擁有私產的很少，因此他們在防患未然的考量下就會有很強的儲蓄動機。同樣的，改革開放之後基於對未來朝向私有化發展的預期，也促使他們願意透過儲蓄以期待將來購買國家資產的機會。這些因素或許都言之成理，但是相較於其他從事經濟改革國家的經驗卻顯示，這些國家的儲蓄率反而是呈現出快速下降而非上升的現象。

另一個導致大陸高儲蓄的原因則可能和計畫經濟本身的特性有關。例如在計畫經濟下經常會強迫人民儲蓄。在中國大陸改革的初期，大陸大部分的儲蓄都是屬於政府或國有企業所有。隨後當經濟改革逐步推動之後，儲蓄率又因為企業的受顧者被迫購買企業的債券而擴增。不過此時政府和國有企業佔大陸儲蓄的比例就開始下降。儘管估算不易，但粗估大陸的家庭儲蓄已由原先的不到整體儲蓄的1%增加到目前的超過整體儲蓄的一半。[7]此外，由於工人階級越來越能夠掌控自己的所得分配，因此家庭的儲蓄率還會繼續攀高。

圖三：中國庫存積累

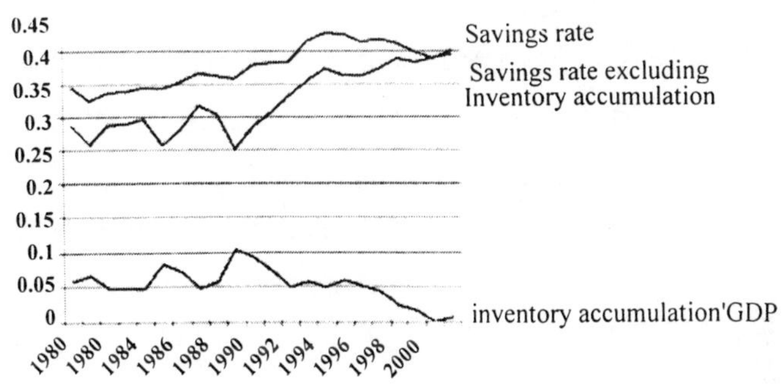

經濟轉型對於儲蓄的另一效應在於對庫存累積（inventory accumulation）的影響。標準的國家儲蓄計算方式都會將庫存累積當成是儲蓄的一部份，因為這些庫存最終都會被出售掉。但是在大陸許多國有企業的庫存累積卻都是一些沒有市場價值的劣質品。從(圖三)可以看出，在1990年代中之前，這類的庫存累積佔大陸整體儲蓄的比例很大。不過隨著國有企業改革和一般非國家部門的出現，庫存累積佔整體儲蓄的比例已大幅下降。從圖中可以發現，自1990年

---

[7] Art Kraay, "Household Saving in China," *World Bank Economic Review* (2000).

代中以後，庫存累積佔整體儲蓄的比例已微不足道了，換言之，在扣除庫存累積之後，中國大陸儲蓄的增長速度遠較表面上的增加速度為快。因此，經濟轉型因素對大陸儲蓄增加的解釋力仍然有限，甚至還更加深了我們對於大陸儲蓄增加原因的迷惑。

人口因素

隨著所得的增加，出生率在一開始會上升，但隨後則又會下降。當所得快速的成長時，所產生的效應則會在幾十年後的嬰兒潮世代出現。依據生命循環假說的理論，當這批新世代達到其最高所得年齡，並開始為將來的退休作儲蓄時，此時儲蓄率就會上升。而且當嬰兒潮世代開始進入他們最富生產力的年紀時，整體經濟也可能因此而獲得更大的成長，因此儲蓄和所得成長之間也會出現正相關性，甚至所得成長將導致更高的儲蓄率。[8]此外，由於這批嬰兒潮的生育率會較低，因此為了將來年老時著想，他們也將會有更高的動機從事儲蓄。

快速的所得成長幾乎在所有的人口族群中都會導致較高的儲蓄率，而不僅止於嬰兒潮世代而已。因此人口因素並不能為所得成長與儲蓄之間的相關性提供完全的解釋。不過，人口因素的確可以加強所得成長與儲蓄之間的關連性。就中國大陸而言，人口因素的作用似乎更為明顯。不過由於一胎化的政策並未造成中國大陸生育率的大幅下降，因此這項因素也並不足以作為解釋大陸儲蓄率高的原

[8] Franco Modigliani, “Life cycle, individual thrift, and the wealth of nations,” *American Economic Review*, Vol. 76 (1986), p.297. p.313.

因。此外，Kraay 的研究發現，中國大陸老年人的依賴比率相當低，這也可以作為解釋大陸高儲蓄的理由之一。[9]

較高的儲蓄報酬率

截至目前為止我們只從家庭的角度來考量儲蓄供給的問題。但是如果企業的投資需求很高，則儲蓄的利息報酬也會隨之升高，進而導致較高的儲蓄率。就發展中國家而言，資本報酬率可能會因為資本的相對稀少而較高。因此，在經濟處於高度成長的經濟體中，較高的儲蓄利率或許真的是導致高儲蓄率的原因。

不過這項理由似乎並不足解釋在一個快速成長經濟體中所出現的超高儲蓄率的現象。因為在儲蓄供給在居高不下的時候，利率通常都會處在低檔的狀態。例如，1970年代的台灣和日本儘管在實質利率接近於零的情況下儲蓄率卻仍然居高不下。許多證據都顯示超高的儲蓄供給是促使日本和台灣加速成為資本輸出國家的主要原因。在這當中只有南韓符合理論的預期而仍舊是資本的輸入國。

就中國大陸的情況而言，儲蓄的實質利率的波動雖然很大，但經常都是處在負數的情況。所以大陸的情況似乎和日本與台灣的情形相類似。不過由於大陸的資本市場的限制相當多，因此也很難完全排除高儲蓄報酬對於高儲蓄率的影響力。例如，大陸家庭可能會為了期待資本自由化後所可能獲得的高報酬率而從事儲蓄。與此相反的論點則認為，由於資本市場開放，以及市場競爭壓力所造成的獲利下滑，才是導致大陸儲蓄率的居高不下的主因。此外，中國大陸目前已穩定的朝向成為一個資本輸出國家邁進。目前大陸的外匯

---

[9] Art Kraay, “Household Saving in China,” *World Bank Economic Review* (2000).

存底已達到4000億美元，約略和整體國外直接投資大陸的4500億美元相等。即便外資在中國大陸的投資繼續增加，大陸資本淨流入再大幅增加的可能性也不高。這點我們可以從大陸持續的貿易順差中輕易看出。

基本生活開支

針對在一個快速成長的經濟體中，為何儲蓄率會從所得成長之初就會開始增加的問題，一個很簡單的理由就是：窮人只有在收入超過基本的生活開支之後，才有開始儲蓄的可能。窮人之所以無法儲蓄的原因在於食物和居住的花費是維持他們生存和較好的健康和較高生產力的必要條件。換言之，他們用於生計上的投資要比從事儲蓄所能獲得的報酬更大，而一旦所得超過基本生活開支時，他們就會開始儲蓄，而儲蓄率也就因此升高。

就東亞地區而言，大部分地區的人在經濟加速成長之前都僅只能維持生活溫飽而已，因此上述的解釋具有一定的說服力。不過這樣的解釋卻很難說明為何當收入已經大幅超過基本生活開支的程度時，儲蓄率卻還會繼續維持地維持在高檔，甚至還更高的原因。此外，所得成長對於儲蓄所產生的效應是普遍性的，甚至在一些所得較高的國家亦復如此。就中國大陸而言，改革開放後初期儲蓄率增加的主要原因竟是來自於農村而非城市地區家庭的貢獻，這點頗出人意料之外。至於具體原因則尚待研究。

維持習慣

另一個可以簡單解釋所得成長與儲蓄率關係的理由就是習慣因素。當所得增加時，消費者可以選擇是否將他的消費層次調整至更高的消費水準。某些人或許會基於由奢入簡難的觀念而不願改變原有的低檔消費習慣。換言之，如果在收入還不穩定的情況下，即便消費者的收入增加，他們也不願貿然地就增加消費。這種維持原有習慣的態度就可以解釋為何在收入已高過基本生活開支甚多的情況下，消費者仍繼續維持原有較低生活水準的原因。因此，這些人為了能夠維持已習慣的生活方式，他們從事預防性儲蓄的比例就會較高。

而這樣的研究證據也顯示，所得增加後無論是在已開發或開發中國家都會導致儲蓄的增加，而為了維持原有的習慣正是可能的原因之一。[10]對此 Carroll, Overland and Weil又做了更深入的研究。[11]此項因素對中國大陸的高儲蓄率也具有一定的解釋力。

相對性消費

最後一個解釋高儲蓄率的因素則是相對性消費，亦即消費者為了維持他們相對於其他消費者的消費水準而增加儲蓄。一般而言，在「示範效果」(demonstration effect)的影響下，所得的增加通常會促使消費者為了趕時髦而從事昂貴的消費。[12]不過Harbaugh[13]和Toche[14]

---

[10] Christopher D. Carrol. and David N. Weil, "Saving and growth: a reinterpretation," *Carnegie-Rochester Conference Series on Public Policy*, Vol. 40 (1994), p.133. p.192.

[11] Christopher D. Carrol., Jody Overland, and David N. Weil, “Saving and growth with habit formation,” *American Economic Review*, Vol. 90 (2000), p.341. p.355.

[12] J. S. Duesenberry , *Income, Saving and the Theory of Consumer Behavior* (Boston: Harvard University Press, 1949).

[13] Richmond Harbaugh, “Falling behind the Joneses: relative consumption and the growth-savings paradox,” *Economics Letters*, Vol. 53 (1996) p. 297. p.304.

的研究卻指出，所得的增加也可能對消費者產生另一種相反的效果，亦即當消費者企圖維持他們在未來相對於他人的消費水準時，所得增加反而會產生增加預防性儲蓄的效果。換言之，隨著社會所得的成長，消費者擔心未來消費水準將落後他人的程度也會增強，於是就形成了儲蓄率上升的正向效果。因此相對性消費也是造成「成長—儲蓄矛盾」的另一潛在因素。

特別是在其他消費者行為維持不變的情況下，所得增加通常都會促使消費者的消費欲望大增。而且由於所得的增長率通常都是隨機不固定的，此時如果消費者又出現了急於消費的不耐煩心理的話，這種消費將對未來造成極大負擔。因此當消費者預期在未來有可能會從事更多消費的時候，他們就會開始增加儲蓄以備未來之所需。換言之，在未來所得不確定的情況下，這種害怕將來消費水準會落後他人的心理促使了儲蓄率的升高。

若以日本和台灣為例，在1950年代時無論台灣或日本的消費者都不會相信某些昂貴的消費型態，例如全配備的新房或新型轎車等會成為80或90年代的消費模式。不過到了1960和1970年代，隨著持續的快速經濟成長，人們很快就發現如果要在未來的數十年維持相同的社會地位，他們就必須有能力購買這些昂貴的財貨。此時消費者就會開始增加儲蓄，以避免在未來可能因為所得下降而導致相對消費水準的落後。事實上在中國大陸也已出現了同樣的現象。1990年代初期大陸所得的快速增加促使大陸消費者相信未來的消費支出將會快速增加。此時大陸消費者的反應同樣也是為了避免日後在消費上的相對落後而開始增加儲蓄。

---

14 Patrick Toche, "Keeping up with the Joneses and income risk: revisiting the growth-saving paradox," working paper (2003).

相對性消費因素是除了文化因素之外可解釋「成長—儲蓄的矛盾」現象的另一原因。但是我們也不能因此就完全排除文化因素的影響。例如美國文化強調的是個人主義，因此美國的消費者很少會為了避免未來消費水準相對他人落後而增加儲蓄。這點美國人和中國人就有很大的不同。此外，消費者急於消費的不耐煩心理在相對消費理論中具有絕對的影響力。換言之，消費者的消費心態如果越是迫不及待，也就越會擔心未來發生相對他人消費水準落後的情況，那麼當所得增加時他們會從事儲蓄的比例就會增加。因此，如果中國大陸消費者消費的心態相較於其他國家更為急切的話，大陸高儲蓄率的現象就與相對消費的因素有著密切的相關性。

中國大陸的高儲蓄率何時下降?

從前面的(表一)～(表三)中我們可以發現中國大陸的儲蓄率在2001年以前並沒有任何下降的跡象，事實上還一直呈現上升的趨勢。關於這點我們也可由大陸存款增加的數據中窺知一二（圖四）。本文前面已提出了若干可能促使大陸高儲蓄率的潛在因素。以下作者將再分別針對這些因素對大陸高儲蓄率所發揮的作用進行評估，藉此我們將可對大陸高儲蓄率可能維持的時間產生一定的認識。

在前面的各項因素中，保險市場的不成熟、流通性限制和高儲蓄報酬等三項因素都預期高儲蓄率將逐漸緩步下滑。首先隨著保險市場的成熟，消費者預防性儲蓄的需求將大幅降低。例如，一個健全的醫療保險制度將會降低人民針對潛在醫療支出所進行的儲蓄。儘管保險市場的確有助於減少一定程度的消費不確定性，但由於道德風險和逆向選擇的問題仍然存在，因此消費者還是無法完全克服所得不確定的問題。於是儲蓄率的下滑速度就不可能太快。就以香港和新加坡為例，儘管兩地的保險市場相當成熟，但他們的儲蓄率都仍然很高。由此可見由保險市場成熟所導致的儲蓄率降低的效果是相當緩慢的。

圖四：中國家庭存款

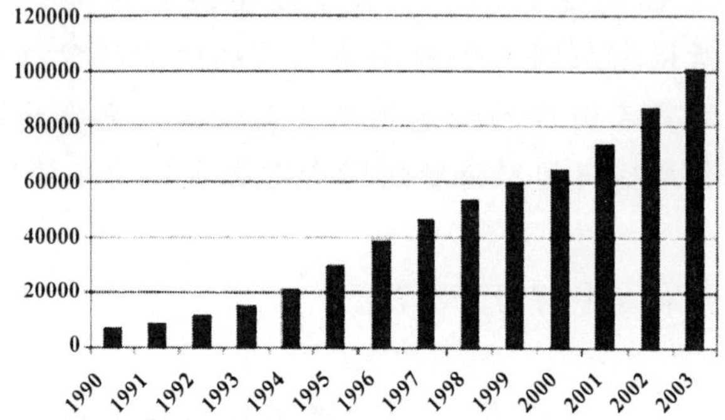

而就流通性限制而言，隨著信貸市場的發展，年輕消費者就能夠透過借貸來支付教育、居住和其他昂貴的費用，然後到了老年再來償還這些貸款。信貸市場的發展的確有助於減少消費者對於預防性儲蓄的需求，因為消費者可以透過暫時的借貸來滿足突發性的消費需求。因此有人認為信用卡的出現將可大幅擴張大陸的消費和降低儲蓄率。不過亞洲地區信貸市場的主要問題其實是出在供給面而非需求面上。換言之，只要亞洲地區對於儲蓄的高需求情況不變的話，亞洲的信貸市場就很難發展至如同美國一般的水準。

其次，基本生活開支和經濟轉型兩項因素則預期儲蓄率將會大幅下滑。基本生計因素認為大陸儲蓄率高的主要原因在於消費者剛剛達到了維持基本生計開支的所得水準；而隨著所得的增加，一旦消費者不再擔心生活水準將會再次降低至基本生活條件以下的時候，儲蓄率就會開始大幅下降。不過正如前面所言，基本生計開支已不再是影響大陸城市地區儲蓄率高低的主要因素。同樣地，經濟轉型的效應對於儲蓄的影響（例如對庫存累積的影響）也已成為過去式。事實上從經濟改革開始後儲蓄率連續上升了二十五年的情況看來，經濟轉型對於降低大陸高儲蓄率的影響有限。

在這些因素中，人口因素是唯一產生短期儲蓄率增加效果的因素。不過若就長期而言，當嬰兒潮世代開始進入退休時期時，人口因素卻會造成儲蓄率的大幅下降。依據聯合國的預測，當嬰兒潮世代進入老年，而其下一個世代（又稱嬰兒潮尅星世代）的人數又青黃不接時，工作年齡的人口將會大幅下降。日本最近儲蓄率的下滑可能就與工作年齡人口的減少有關。

最後，文化、維持原有習慣和相對性消費等三項因素則預期儲蓄率將繼續居高不下。正如前面所言，儘管文化差異不可能是導致大陸高儲蓄率的主要因素，但文化因素的影響力的確不容抹煞。維持原有習慣和相對性消費因素則預期，只要所得成長的趨勢不變，大陸的高儲蓄率就會繼續維持在高檔不墜。只有當大陸經濟發展至接近已開發國家的程度而使得所得成長開始出現下滑時，或者是遭遇如人口大幅減少等其他因素影響時，大陸的高儲蓄率的趨勢才有停止的可能。

高儲蓄率對中國大陸的影響

中國大陸超高的儲蓄率一直被視為是大陸之所以能夠成功地由計畫、低所得的經濟體轉型為市場導向、中等所得經濟體的決定性因素。首先，高儲蓄率供給了大陸在經濟改革時期快速投資成長的資金需求，而在大陸經濟轉型的初期扮演了重要的角色。此外，由於當時的儲蓄大部分都不是自願性的儲蓄，也因此中國大陸並沒有發生類似東歐和俄羅斯投資突然大幅減少的情況。

其次，由於快速的所得成長本身就能夠促進高儲蓄率的發生，因此大陸就一直能夠進入此一由高儲蓄率來推動高所得成長，再由更高的所得成長推動更高儲蓄的良性循環當中。中共政府藉由改革開放初期所維持的高度投資率來促進所得的快速增長，並進而助長了更高的儲蓄率。依據生命循環假說理論，這樣的良性循環必須透過人口因素和所得成長間的良性互動才能出現，而維持原有習慣和相對性消費因素也對這樣的良性循環產生了重要的影響。

第三，中國大陸的高儲蓄率促進了大陸出口的進展，並藉此取得了龐大的貿易順差。因此和一般發展中國家不同的是，大陸早已經是一個典型的享有貿易順差的國家。透過出口方面的提升，大陸可以快速地進入新興的產業，並透過邊做邊學的方式朝向高科技的先進產業邁進。

第四，高儲蓄率有助於運用其貿易順差來維持中國大陸維持國外收支帳的穩定。貿易的順差亦有助於大陸維持一段時間外匯價格的穩定，以降低國內外企業的投資風險，並且減少國內的價格壓力。貿易順差還可讓大陸不必背負外債，並且能夠享有大量的外匯存底，並藉此降低發生諸如1997年亞洲金融風暴的危險。此外，貿易順差更能使中共得以依照本身的策略來放緩開放資本帳兌換（capital account convertibility）的腳步，從而降低發生金融風暴的可能。

第五，中國大陸的高儲蓄率亦有助於國內金融的穩定。有鑒於大陸國有銀行部門的效率低落，長久以來都有人預測大陸將面對一波嚴重的金融危機。[15]儘管大陸銀行不良放款的比例很高，但是這些銀行卻一直能夠避免金融危機的發生，這其中新增加的儲蓄流入可謂功不可沒。此外，高儲蓄率也給中共當局更多的時間可以逐步地解決金融壞帳的問題。

當我們在評估高儲蓄率對經濟的影響時，也必須瞭解儲蓄其實還包括了其他不同的內涵。例如透過教育來取得人力資本就是延緩目前消費以留待將來消費的方式之一，而這也可視為是儲蓄的另一種呈現方式。事實上，高資本累積率和高人力資本累積早就被認為是促成東亞經濟奇蹟兩大支柱。[16]而相較於台灣和日本，中國大陸人力資本的發展明顯較不平均，但目前中國大陸教育體系的發展已有急起直追之勢。例如從1998年至2001年大陸大學生和研究生的人數就已成長了兩倍之多。[17]

結論

中國大陸的儲蓄率在短期內可能還會繼續維持在高檔不墜。高儲蓄率不但成為促進大陸經濟快速成長的動力來源，同時也經常被認為是導致大陸貿易順差持續增加的幫兇。這兩種說法或許都對，但更重要的卻是，即便中國大陸的進口大幅增加，貿易順差的情況

---

15 Nicholas R. Lardy, *China's UnFinished Economic Revolution* (Washington, D.C.: Brookings Institution, 1998).

16 Alwyn Young, "Lessons from the East Asian NICs: a contrarian view," *European Economic Review*, Vol. 38 (1994) p. 964. p.993.

17 State Statistical Bureau, *China Statistical Yearbook (2003)*, Beijing.

卻仍然不變。例如，在2003年前三季大陸的進口成長了40.5%，因此大陸的高儲蓄率也間接地成為促進世界貿易的重要來源。目前世界景氣的復甦已不再完全依賴美國，而在很大的程度上必須仰賴中國大陸的市場需求。大陸在這點上對世界經濟的貢獻不容忽視。

中國大陸儲蓄所產生的對本身經濟發展所需資金的融通能力，也成為降低對其他國家投資排擠效應的一項重要因素。儘管對中國大陸所吸引的國外直接投資（Foreign Direct Investment , FDI）的數量一直深受重視，但就大陸龐大的資本需求量而言，它仍只佔很小的一部份。長此發展下去，一旦中國大陸資本需求減緩之後，大陸很可能會繼台灣和日本之後也成為資本的出口國家。有鑒於大陸的經濟規模，大陸對其他國家經濟發展的貢獻程度不容小覷。

區域安全與軍力平衡

Eric Croddy（埃理克）—
擴散與公共衛生危機：中國故事的啟示

Benjamin Self—
中國崛起與美日同盟在台灣安全上的角色

黃介正—
兩岸態勢評估（2003/2004年）

Yasuyo Sakata (阪田恭代)—
朝鮮半島安全問題與中國因素：機會與挑戰

擴散與公共衛生危機：中國故事的啟示

Eric Croddy（埃理克）

讓我們從以下這個尚無定論的臆測開始談起：目前在中國大陸的發展態勢對區域或國際安全所帶來的深遠影響，這究竟是出於中國刻意政策運作下的結果，或者這只是個出乎意料的偶發事件呢？對此，Ross Terrill 作了以下的評論：

> 自從江澤民於 202～2003 年間將權力交棒給胡錦濤之後，中國大陸就處在究竟是朝向帝國主義或民族國家發展的轉捩點上。此一矛盾的解決已刻不容緩。對於一個曾飽受帝國主義統治壓迫的中國文化而言，當面對新出現的經濟優勢、以生產者和消費者為主之中產階級的與日遽增和民族國家的世界體系等新形勢時，中國究竟會採取何種方式因應？而這些因應方式必將對美國、東亞和中亞等大陸的周邊國家造成影響。[1]

首先，針對有關中國發展帝國主義的企圖應如何因應？這或許是個必須求助於「德爾菲神諭」（Delphic oracle）才能解答的難題。有些人認為中國大陸正在以驚人的速度崛起當中，例如 Stephen Mosher 就警告說："中國已經是一個霸權，而且正在重新宣示其作為世界中心的正統地位"。[2] 不過也有人認為，在帝國主義企圖掩飾的背後，

(註：本文所表達的只是作者自己的觀點，而不是反映美國政府／國防部的政策，或者任何權威人士的意見。)

[1] Ross Terrill, *The New Chinese Empire* (New York: Basic Books, 2003) p. 27-8.

[2] Stephen W. Mosher, *Hegemon* (San Francisco, Encounter Books, 2000) p. 14.

中國大陸其實是必將走向崩潰的，而隨著共黨意識型態的破產，中國在國內事務的處理上勢必將更顯捉襟見肘。[3] 因此 Ross Terrill 在表達了他對中國全球影響力和對內高壓統治手段的關切之後指出：

> 如果我們遵循的是明確的接觸、維持東亞均勢、重視與日本、南韓、澳洲和其他國家聯盟關係等政策的話，那麼它將會產生以下的兩種效應：第一，日益增加的互賴關係將對中國大陸的獨裁政治體系構成壓力；其次，在美國的防堵下，北京發展海權帝國的企圖將因此有所收斂。[4]

由於我們很難預測 50 年之後國際情勢的變化，因此對於中國長期性的領土野心，本文將略而不談。本文將透過以下的三個案例來說明「此時此刻」中國在處理（或者應該說並未處理）諸如大規模毀滅性武器和公共衛生災害等區域性危機時的相關態度與作為。這三項案例包括：

- 中國在北韓核武危機中所扮演的角色
- 非典型肺炎（SARS）和其他可能發生傳染病的擴散
- 毒鼠強下毒事件

從這三個案例中所凸顯的中國政策作為，可作為我們在處理與中國有關之區域和全球事務時的借鏡。換言之，透過這些案例即可瞭解中國究竟能否在國際社會扮演積極角色？如果中國引發了全球包括軍事、公共衛生或大規模毀滅性武器擴散等威脅，她是否會採

---

[3] Gordan G. Chang, *The Coming Collapse of China* (New York: Random House, 2001) p. *xvi*.

[4] Ross Terrill, *The New Chinese Empire* (New York: Basic Books, 2003) p. 228.

取負責任的態度？[5]而如何才能說服中國成為國際社會中的助力而非阻力？本文的結論認為，共產主義的政體本質已成為中國扮演國際間積極角色的最大障礙，因此只要中國政體獨裁的本質不變，短期內要期待中國政策轉變的可能性可說微乎其微。

大規模毀滅性武器和北韓：中國的事後外交

對於增進防止大規模武器擴散的目標，中國總是採取口惠實不至的態度，[6] 只偶而透過若干的立法來防止兩用技術的外流。在這樣的脈絡下，中國也表示過願意支持朝鮮半島的非核化。[7] 本文認為中國在協助防止東北亞核子危機上可能扮演以下的兩種角色。比較好的情況是當發現情況惡化時進行亡羊補牢的善後工作，壞的狀況則

---

[5] Gerald Chan, "Is China a 'Responsible' State? An Assessment from the Point of View of Its Multilateral Engagements," in Joseph Y.S. Cheng, ed., *China's Challenges in the Twenty-first Century* (Hong Kong: City University of Hong Kong Press, 2003) , p. 217-45.

[6] 例如在有關生物和毒素武器公約方面，"中國裁軍大使說中國已形成較完整的生物安全體系"，解放軍日報，2003 年 11 月 12 日；"中國支持伊朗繼續與國際原子能機構合作"，解放軍日報，2003 年 11 月 13 日。

[7] 可參考中國外交部最近針對朝鮮半島非核化問題所發表的聲明。例如由中國外交部發言人章啓月所發表的官方聲明："外交部就朝鮮核武計畫及伊拉克大選等問題答記者問"，2002 年 10 月 17 日。
〈http://www.southcn.com/news/international/gjkd/200210171006.htm〉

是只求把擴散的門關上，但對已發生的擴散情況卻視而不見（正如中國在其他導彈和核武技術擴散上的作法一樣）。[8]

儘管中國最近參與「六邊會談」的作為頗受歡迎，但撇開了過份樂觀的想法，我們還是很難由此認定中國已嚴肅地看待核武器擴散的問題。[9] 依據 2002 年 12 月「華盛頓時報」所引述的一份未經證實的報告指出，中國已向北韓出售了 20 公噸的磷酸三丁酯（TBP）。磷酸三丁酯是在進行有關鈽和鈾處理時最重要的化學原料。[10] 儘管磷酸三丁酯也有商業上的用途，但就北韓目前極度衰敗的經濟狀況而言，此一原料在北韓的商業用途是極為有限的。此外，北韓的廢燃料棒一直都保持在可隨時進行再處理的待命狀態。廢燃料棒的問題不但是引發 1994 年北韓核子危機的導火線，而其後為解決此次危機所推動的"協議架構"（Agreed Framework）也早已是一項失敗了的計畫。[11]

---

[8] Unclassified Report to Congress on the Acquisition of Technology Relating to Weapons of Mass Destruction and Advanced Conventional Munitions,1 January Through 30 June 2003; See〈http://www.fas.org/irp/threat/cia_jan_jun2003.htm〉

[9] 針對南韓自願放棄擁有核武器，甚至放棄發展作爲和平核能用途之可裂變材料再處理能力的政策作爲，世人給予讚揚的並不多見；但對北韓或中國等共產政權長久以來所作的虛僞承諾卻又願意給予"獎賞"，此種情況著實令人不解。

[10] “Panel to Probe China's Nuclear-Related Sales to North Korea,” *Washington Times*, 20 December 2002. The role of TBP in uranium and plutonium processing: Manson Benedict and Thomas H. Pigford, *Nuclear Chemical Engineering* (New York: McGraw-Hill Book Company, Inc., 1957), p. 314-337.

[11] U.S. Department of State, Bureau of Nonproliferation, “Fact Sheet: U.S.—DPRK Agreed Framework,” 15 February 2001, See〈http://www.state.gov/t/np/rls/fs/2001/5284.htm〉

除了向長期涉嫌擁有大規模殺傷性武器國家出售類似敏感項目之外，若從銷售過程的整體脈絡來看，中國的相關作為更是令人憤怒。眾所皆知，北韓的能源和濃縮材料都必須仰賴外界特別是中國的供應，[12]因此中國當局必然深知磷酸三丁酯的取得對於北韓發展核武器的重要性。過去一旦提到中國從事兩用項目的擴散時，中國通常都會宣稱這只是因為她對跨境貨物管制不力所致。如果上述事件屬實的話，那麼中國可說是在扮演調解北韓核武衝突之"積極角色"的同時，卻又故意以此來製造南韓、日本和美國的困窘局面。儘管有人認為中國此舉並非出自故意，但即便如此，倘若中國真的對於大規模殺傷性武器技術交易毫無管制能力或者是刻意默許核武器擴散，這恐怕也非世人所樂見的情況。

中國在 SARS 事件中的角色

儘管本人居住在幾乎未受 SARS 感染的地區，但對此次疫情並未大幅擴散仍深感慶幸。在此本人並不想針對 SARS 本身再作深論，本文所要強調的是雖然 SARS 是一項天然的傳染病，但是 SARS 之所以會快速傳播，中國的惡意忽視可說是難辭其咎。換言之，SARS 是中國公共衛生措施失當所造成的結果。中國政府在處理 SARS 上所展現的顢頇和不負責任的態度，和中國大陸醫學專家在 SARS 疫情爆發之初所採取的迅速和專業的作為形成了強烈的對比。

讓我們快速地回顧一下整個事件：2002 年 11 月～12 月間，廣東省開始出現"非典型肺炎"的病例。2003 年 1 月 27 日當地的流行病學和醫學專家就對駐廣州的中國衛生部人員報告了此一新出現的致命性疾病。不過有關此項疾病的報告卻被列為"最高機密"。（依據中

12 這和北韓領導階層的自誇說詞完全相反。

國 1996 年所頒佈的國家機密法的規定，任何有關傳染性疾病，例如 SARS 的消息除非是在中國衛生部證實之後由官方進行宣布，任何違反此項法律的醫生、衛生專家或新聞記者都將被視為是洩漏國家機密而必須受到嚴厲的處罰。）因此在衛生部有權處理的人員進行會商之前，此份報告整整被延誤了三天。最後，儘管衛生部向大陸各區域醫院發出了通告，但在 2003 年 2 月 11 日以前社會大眾對 SARS 的資訊仍一無所知，政府部門也沒有採取任何積極的措施來阻止疫情的擴散。

此一消極不作為所導致最嚴重的結果之一就是，雖然廣東鄰近諸省在數月前就已得知 SARS 疫情的消息，但香港特別行政區對此卻仍一無所知。依據後來首先揭發北京 SARS 疫情的老軍醫蔣彥永醫生所言，中國下令大陸醫院在 2003 年 3 月召開全國人民代表大會期間不准公開討論 SARS，以避免妨礙此次會議的召開。[13] 這些延誤通報的作為都加遽了疫情爆發的嚴重性。

到了 2003 年 4 月的第一個星期，來自「世界衛生組織」的專家才被允許進入廣東，但是直到 4 月 9 日才獲准進入軍醫院進行檢查。[14]早在中國衛生部長張文康於 3 月 31 日宣布北京總計只有 12 個

---

[13] Huang Yanzhong, "Implications of SARS Epidemic for China: Public Health Infrastructure and Political System," Testimony before the United States Congressional-Executive Commission on China Roundtable on SARS, 12 May 2003; See〈http://www.cecc.gov/pages/roundtables/051203/huang.php〉

[14] Huang Yanzhong, "Implications of SARS Epidemic for China: Public Health Infrastructure and Political System," Testimony before the United States Congressional-Executive Commission on China Roundtable on SARS, 12 May 2003; See〈http://www.cecc.gov/pages/roundtables/051203/huang.php〉

SARS 病例時，解放軍 301 醫院的 72 歲蔣彥永醫生就已知道解放軍 301 和 302 醫院的 SARS 病例總數已達 100 例，並且認為事態相當嚴重。在他致函中央電視台第四套節目部門沒有得到回應之後，蔣決定於 4 月 8 日直接與西方和大陸媒體接觸，揭發了北京 SARS 疫情的真相。這樣的作為當然引起了政府當局的不快。但是到了 4 月 20 日中國官方也正式宣布北京的 SARS 疫情相當嚴峻。[15]

從蔣彥永隨後欲申請赴美國加州探親，但卻拖到夏季之後才獲批准的情況看來，顯示蔣的確已受到中國方面的警告。大陸新聞網站指稱，中國國家安全部甚至指控蔣彥永具有法輪功的背景。[16]由於法輪功已被列為所謂的邪教，很明顯這是一項政治性的詆毀動作，這和中國過去從事各種修正運動時的作法如出一轍。由此可知中國新領導班子上台後所能改變的程度究竟有多少了。

未來爆發疫情時中國的角色

1997 年台灣爆發的口蹄疫幾乎摧毀了台灣的養豬業，這也是中國大陸隱瞞疫情而對其他地區造成嚴重影響的另一顯著例子。針對有關人畜疾病的相關報告，如果中國當局繼續採取隱瞞有關的公共衛生資料，並對及時向外示警的人士予以懲處的話，一旦未來發生了新的疫情，整個區域甚至全世界都將因此而受到威脅。這不禁讓人擔心有可能爆發另一次宛如 1918 年西班牙流感造成全球數百萬人

---

[15] 4 June 2003 Boxun website article on SARS and the role played by Dr. Jiang Yanyong: 《三聯生活週刊》挺蔣彥永,accessed via, See 〈http://www.peacehall.com/news/gb/china/2003/06/200306040907.shtml〉

[16] Boxun website, 1 June 2003, 國安部一文件稱蔣彥永醫生有"法輪功"背景; 〈http://www.peacehall.com/news/gb/china/2003/06/200306012027.shtml〉

死亡的慘重災難。近來在中國大陸發現的高病原性禽流感病毒（highly pathogenic avian influenza）就可能成為下次引發數百萬人的感染的元凶。[17]中國當局是否有能力作出及時的反應？就中國當局處理 SARS、愛滋病和其他疾病的經驗而言，情況著實不敢讓人樂觀。

儘管過去也曾發生過由於國家的蓄意隱瞞而導致疫情無法控制，不過在 SARS 的案例中，北京當局採取的仍是典型列寧主義國家刻意隱瞞實情的作法，這和中國黨內所標榜的"從事實中找真相"的要求背道而馳。中國將疫情當成是國家機密的作為不禁讓人懷疑，中國在世界衛生組織的會員資格只不過是一個笑話而已。

毒鼠藥政治

自 1990 年代起中國大陸已發生數千件因非法毒鼠藥所造成的意外或故意中毒事件。這些事件除了反映出中國在處理公共衛生危機上能力的不足外，也顯示中國當局對於禁止物品的生產和交易管制上的無能。其中最嚴重案件的就是由毒鼠強所引發的中毒事件。毒鼠強的化學學名為四亞甲基二四氨（tetramethylene disulfotetramine），又可稱為聞到死，只要 5 毫克就足以讓人致命，其毒性較軍事用化學戰劑維埃克斯（VX）更強。[18]

---

[17] R. G. Webster, W. J. Bean, O. T. Gorman, T. M. Chambers, and Y. Kawaoka, "Evolution and Ecology of Influenza A Viruses," *Microbiological Reviews* (abstract), Vol. 56, No. 1 (March 1992), p. 152-79.

[18] Li Zijian and Zeng Jinyou, "Analysis of 15 Clinical Cases of Poisoning with Tetramethylenedisulfotetramine," *Bulletin of the Hunan Medical University*, Hunan Yike Daxue Xuebao, Vol. 26, No. 1 (2001), p. 65-6.

毒鼠強所引發的問題不僅限於中國大陸，在馬來西亞也被發現有毒鼠強的販售，而2002年在紐約也發生了毒鼠強的中毒意外。[19]針對毒鼠強的問題，中國至少在10年前就已發覺，[20]但卻到了2003年底才開始真正嚴肅地處理此一問題。[21]

儘管眾所周知大陸非法生產毒鼠強的情況相當氾濫，而且經常發生故意下毒的事件，但大陸的新聞對此類事件的報導卻輕描淡寫。例如對最近在湖南發生的鼠藥中毒事件的報導就相當荒謬可笑。2003年11月中旬在湖南發生了一起"食物中毒"事件，造成了3個幼童死亡和50人的身體不適。依據「中國日報」網路版在11月13日的報導指稱，當地政府認為這可能是因為發霉穀物所引發的中毒，當局還在持續調查當中。[22] 事實上大部分在湖南發生的中毒事件都具有以下特徵：毒鼠強中毒時會呈現短暫性的興奮狀態、相同的中毒途徑（亦即食物）和包括嘔吐在內的毒鼠強典型中毒症狀。因此中國日報所作的報導很明顯的就是為了要避免此一問題引起社會大眾的重視。此外，這樣的報導也對國際公共衛生專家產生了誤導作用。例如在國際傳染病學會的網站（*Promedmail.org*）上就引述「中國日報」的報導，而在缺乏詳細臨床診斷的情況下逕自認定上

[19] Eric Croddy, "Rat poison and food security in the People's Republic of China: focus on tetramethylene disulfotetramine (tetramine)," *Archives of Toxicology*, published online 9 October 2003.

[20] 毒鼠強

[21] Associated Press, "Some Chinese Mete out Rat Poison Revenge," accessed via ABC news website, 14 November 2003, 〈http://abcnews.go.com/wire/World/ap20031114_1005.html〉

[22] "Mass Poisonings Kill Three Children in Central China," *China Daily*, 13 November 2003, 〈http://www1.chinadaily.com.cn/en/doc/2003-11/13/content_281373.htm〉

述的中毒可能是因為黃麴毒素或其他與黴菌相關的毒素所引起的中毒事件。[23]

和 SARS 事件一樣，中國對於政治灌輸的興趣要遠大於對人民福利的關切程度。此外，中國並運用這類事件來達成其政治目的，特別是藉此來打擊法輪功。例如 2003 年 7 月有報導指稱一位 29 歲的青年陳兆福被控利用毒鼠強在三十天內毒殺了 16 個人。報導中還毫無根據的強調陳具有法輪功學員的背景，並認為他之所以會進行謀殺其實就是為了履行法輪功的教義。[24]

列寧主義的深遠影響

> "列寧主義的特點之一就是善於作語言上的操弄，特別是將文字從原本所代表的實際意義中抽離，藉此來描寫社會的抽象遠景。在這樣的社會中，人們喪失了他們真實的價值與存在意義，進而被視為是社會或歷史建構者所運用的棋子而已。"—Stéphane Courtois, in the *Black Book of Communism: Crimes, Terror, Repression* (1999)[25]

只要稍微瀏覽一下例如「人民日報」或「解放軍報」等報紙，就可發現大陸是目前少數幾個仍然死抱馬列主義意識型態的國家。某些人認為這只是過渡時期的一種現象。但本人卻認為對中國而

---

[23] 〈www.Promedmail.org〉, 14 November 2003: Food poisoning, children - China (Hunan, Hubei), archive number 2003114.2822.

[24] “Cult Member Kills 16 Homeless,” 15 July 2003; Chinanewsnet; See 〈http://www.sina.com.cn〉

[25] Stéphane Courtois et al., *Black Book of Communism*: Crimes, Terror, Repression (Cambridge, Massachusetts: Harvard University Press, 1999) p. 739-740.

言，馬克斯主義，特別是列寧主義絕非只是歷史的殘蹟而已，它是中國黨內以事實為代價從事赤裸的權力鬥爭時的一項利器。在列寧主義的世界中，通常都會透過扭曲事實的方式來達到控制人民的目的。因此中國必須提出諸如"三個代表"[26]之類毫無意義的理論，藉此作為解釋中國一切作為的理論基礎。[27]

從上述中國處理區域危機的案例中，可以發現列寧主義對中國的影響。中國如何巧妙地以改革為名來合理化她的政策轉變、攻擊她的敵人和扭曲事實真相。因此除非中國能夠改善此種無視現實的特性，否則中國的世界觀很難會有大幅度的改變。可以預期的是，中國扭曲真相的作為將會導致和世界其他工業化國家關係的持續惡化。

---

[26] 三個代表。

[27] 江澤民表示，"三個代表"與馬列主義、毛澤東思想和鄧小平理論是一脈相承的。參見：人民日報網路版，2002 年 11 月 28 日，"如何理解“三個代表”同馬克思列寧主義、毛澤東思想、鄧小平理論一脈相承？"〈http://www.people.com.cn/GB/shizheng/252/9483/9694/20021128/876800.html〉

中國崛起與美日同盟在台灣安全上的角色

Benjamin Self

問題脈絡

本文首先假設中國的確如一般所預期的正在崛起當中。中國在經濟成長和其他的社會發展方面都取得了傲人的成績，無論從絕對或相對的角度而言，中國在亞太地區的權力都在大幅增加。這樣的趨勢已持續了許多年，一般認為中國的力量如果繼續增加的話，她將成為影響亞太地區安全關係的不穩定因素。而面對中國的崛起，美國、日本和台灣的相關作為與回應也將對本區的穩定與安全產生深遠的影響。

回顧中國崛起的歷史，得力於美日兩國協助甚多。冷戰期間美日兩國為了與蘇聯競爭而對鄧小平所提出的改革開放政策大力支持。冷戰結束之後，美日兩國又改採所謂的「廣泛交往」（comprehensive engagement）策略來支持中國大陸的經濟改革與以出口導向為主的經濟成長。事實上有關中國的崛起，華府方面一貫都採取支持的態度：從冷戰時期推動兩國關係正常化的卡特政府開始、到支持台灣的雷根政府、再經歷過 1989 年天安門事件的老布希政府、再到 1996 年台海危機以及 1999 年中國竊取核子機密的柯林頓政府，最後到了目前的小布希政府時期，即便對中國採取了戰略懷疑的策略，以及 2001 年發生了 EP-3 軍機擦撞事件，但這樣的基本立場並未改變。小布希政府於 2003 年 11 月對中國大陸政治敏感項目之進口所採取的小規模設限並無礙於美國對中國以出口導向為主軸之經濟成長的支持。而在日本方面，日本對中國提供了數十億美元的援助，其中大部分是優惠貸款、貿易信貸和直接投資。最近日本又加強了對中國大陸的技術轉移，並且成了中國主要的出口市場之一。然而大多數的中國民眾對此卻並不感激，他們甚至認為中國是在被美國利益所扭曲的國際體系下所取得的成功，他們認為這些由美國所主導的國際規則都應改變以便符合中國大陸的利益。換言之，中國仍然有企圖成為國際霸權的野心。

不論中國能否在其羽翼豐滿之前就被國際社會所「馴服」，或者被現存的國際規範與制度所內化，但無疑的美日兩國都必須為中國可能的霸權企圖做好準備。因此儘管多年來美日兩國同樣都支持中國大陸的成長，但兩國的戰略利益反而與台灣的戰略利益攸戚相關。

美日兩國之所以必須採取這樣"兩邊對賭"（hedging）的立場，除了基於控制巴士海峽的地緣戰略考量外，同時也是為了維護國民主權和人權的普世價值。當我們討論國家利益與國家安全時，也絕對不能排除國際規範的重要性。無論是就制度論的自由主義者或者是新保守主義者的觀點而言，處在目前這樣一個全球化的時代，國際間的"遊戲規則"對國際社會的影響力與日遽增，因此倘若中國能夠遵循諸如民主和自由之類的普世價值的話，這不僅對是對大陸人民，對中國的鄰國而言也是深具意義的。

而中國對台灣的態度則可說是考驗中國能否融入國際規範以符合國際社會期待的最佳試煉。在豐厚商業機會的包裝下，短期間中國的笑臉攻勢的確可能產生迷惑世人的作用。就許多領域而言，中國正在試圖融入國際秩序當中，特別是當一個較為務實的新政府上台之際。如果胡錦濤和他的班底的確正在務實地調整其原有的政策作為的話，那麼中國對台灣的恫嚇則透露了中國務實主義的底線。

中國對台軍事威脅的意圖並沒有和緩的跡象。由於中國大陸民眾長期在有關國內和國際事務上的被誤導，因此即便是中國的決策過程納入了更多民眾參與的成分，但是要因此期待中國會在主權問題上讓步的可能性仍然微乎其微。從江澤民時代起，中國早就改以民族主義取代已破產之馬列毛思想的意識型態作為凝聚民心的工具。

嚇阻中國武力犯台一向是美國留駐東亞的主要作用之一，在這方面必須仰賴的是美日兩國的同盟關係。當解放軍的力量逐漸增強之際，特別是對抗美國第七艦隊的力量，美國在琉球和日本軍事基地的重要性也就隨之與日遽增。冷戰之後，美日超過五十年軍事同盟的安全伙伴關係開始重新啟動，兩國在國防上的合作關係也持續加強。美日同盟在對中國進行軍事嚇阻上扮演了重要的角色。有鑒於美日同盟在防衛台灣上的重要性，以及台灣在自由和安全上對於美日同盟的價值，因此在有關如何因應中國軍事增長的問題上，美日台三邊的確有很大的合作空間。不過由於美日兩國所追求的是維持亞太的現狀，而台灣追求的則是台灣獨立，因此這樣的合作關係也有其極限存在。

行為者

中國

中國建政之後，由於毛澤東採取的錯誤政策，導致了中國大陸長期處於飢荒、社會動盪、國際孤立與全面衰退的狀態。不斷革命的過程侵蝕了中國的國際地位，特別是中國與蘇聯競爭的實力。毛最後終於支持了周恩來所提出的四個現代化的政策，也就是農業、工業、科技和軍事的現代化。鄧小平主政時期，四個現代化成為了中國的國家政策，不但持續推動了將近三十年，並在各領域都取得了驚人的成就。近年來，中國的軍事現代化開始對區域的安全環境產生了不利的影響。

中國軍事現代化之所以產生負面影響的主要原因，並不在於解放軍軍力的快速增強，而在於她對台灣的影響。中國正致力於軍備的競賽，其軍力的增長不僅對台灣，也對此區的其他國家包括日本構成了威脅。

對解放軍而言，防止台獨是驗收解放軍其現代化成果的指標，而這也是造成區域不穩定的主要原因。潛在的台海衝突主導了解放軍的軍事評估與戰略規劃，因此解放軍整體的軍事作為都以台灣為戰略思考的主軸。倘若解放軍真的以軍事威嚇台灣人民的能力作來驗證其軍事現代化成果之指標的話，這將嚴重危及整個亞太地區的安全。

從中國與其他國家，包括印度和日本在內之間所進行的軍事交流與互動顯示，解放軍的確正在進行軍事的專業化。然而擔任中國軍委會主席的江澤民對解放軍的影響力則是最大的變數。許多觀察家認為隨著軍人勢力退出中國政治局，文人已完全掌握了中國大陸的國家機器。儘管如此，在有關安全政策的評估上，解放軍是不可能完全喪失其影響力的。

台灣（中華民國）

自從 1979 年台灣與美國的雙邊防衛協定終止之後，台灣的軍力就由於孤立無援而處於嚴重落伍的窘境。儘管台灣一直試圖提升其軍事能力，但其步調相對於美國或中國而言仍相當緩慢。雖然地理上的天然優勢對採取守勢的台灣相當有利，但長期軍事現代化上的差距仍會對台灣的安全帶來威脅。透過與美國軍方的接觸，台灣的軍力有獲得大幅更新的機會，但是關鍵是台灣有沒有面對此項問題的決心。

這段期間以來，來自美國方面促使台灣自己承擔防禦責任（尼克森主義）的政治壓力大增，特別是如果小布希政府放棄原先所承諾的「盡其可能」協防台灣（小布希主義）的立場時更是如此。這對台灣而言並不是最壞的結果，因為萬一美國和中國的關係大幅改善的話，台灣可能再度面臨類似 1979 年美國廢除雙邊防衛條約時的情況。

台灣究竟需要購買多少軍備已超出本文的討論範圍，但可以肯定的是台灣不可能在所有的武器系統上都達到和中國相同的水平，因此台灣軍方在從事有關戰力提升時就必須審慎選擇。此外，某些具有象徵價值的防衛裝備，儘管就軍事效用而言可能只具有第二線的功能，但還是值得列入考量的。例如，由於中國透過導彈來恫嚇台灣，因此即便是備而不用，台灣也不能忽視導彈防禦系統的防禦價值。不過，實際的軍事效用仍應是台灣軍方採購武器裝備時的主要考量，但卻不應過份誇大與武器供應商之間的密切關係。

美國

目前美國仍不斷地改善其作戰能力，而在未來的十年內應可輕易維持其軍力的絕對優勢。即便是在面對中國的挑戰下，如果美國在未來的十年內仍持續地在軍事科技和硬體上進行大量投資的話，美國的軍力優勢應該還是可以維持到 2025 年甚至更久。

不過就負面的角度而言，針對中國正在發展的所謂「不對稱戰爭」(asymmetric warfare)的新戰爭形式，美國不可等閒視之。儘管目前中國似乎並沒有從事恐怖主義的意圖，但是從過去中國和伊拉克海珊或南斯拉夫米洛塞維其政權之間所建立的準防衛關係看來，中國可以透過幕後操縱等其他的方式來損害美國的利益。

其次，美國的霸權也可能因為過度擴張而陷入危機。隨著美國對全球軍事承諾的不斷增加，以及部隊輪調上的困難，特別是對後備軍人而言。美軍可能會面臨人力短缺的窘境，其中尤以陸軍為然。此外，美國一般民眾對於打一場沒有把握的全球戰爭也感到厭煩。特別是處在目前威脅已變得日益不對稱的國際脈絡之下，美國選民也開始質疑再將大筆經費建立先進軍事硬體裝備的必要性。從伊拉克戰爭中就可發現，即便是打一場相對而言屬於傳統的戰爭當中，美國的先進武器所能扮演的角色其實是有限的。換言之，反恐戰爭所需要的是一種新的而且不同以往的優勢力量。

在有關對台灣問題的政策上，美國基本上仍延續了1970年代所揭櫫的政策。美國一方面反對任何使用武力的行動，並要求和平解決兩岸爭端；但同時也接受中國方面有關一個中國且不支持台灣獨立的政策。不過即便是一個較親台灣的美國政府，為了避免損及美國的重大利益，也不可能大幅改變對台灣問題的立場。

日本

日本的國防能力與政策都正經歷大幅的轉變。儘管並未完全對外公佈，但日本的確放寬了有關自衛隊軍事活動的設限範圍。一般而言，日本仍然反對權力政治，因此繼續反對核武器，但針對有關中國的問題，日本的態度則較傾向鷹派的立場。為了競爭區域領導權和防止日本的沒落，日本民眾要求捍衛本國利益的情緒日益高漲。

在有關安全的問題上，中國與日本的歧見甚深。日本認為美日兩國建立同盟的關係是不可避免的。即便是日本政策圈內最支持多邊安全合作的人士也承認，這類的機制只能扮演美日同盟政策的輔助角色；而且就長期而言，多邊主義應將美日的聯盟關係納入其中，而不是試圖去取代它。

日本政府對於有關跨越日本和平憲法範疇的相關作為仍然保持謹慎的態度，依照目前日本憲法，禁止日本行使任何集體防衛權的活動。儘管要求修改日本憲法第九條的壓力日益高漲，但整個修憲過程可能還要延宕數年之久。與此同時，日本也繼續採漸進的方式調整其安全政策。這意謂著在有關防衛台灣的問題上，日本的軍事角色將盡可能的採取低姿態。

儘管日本宣布反對使用武力，但這並不表示日本沒有能力或意願來建構強大的國防力量。日本自衛隊的士氣始終保持相當高昂，並且對於參與國際相關任務也展現了高度的興趣。不過在日本自衛隊中，在有關參與某些危險地區國際任務的態度方面，日本陸上自衛隊的態度比日本海上和空中自衛隊明顯較為謹慎。因此倘若台灣發生危機時，日本陸上自衛隊參與此一國際任務的可能性不高。

總之，基於各種理由，台日雙方保持了相當親密的關係。就廣泛的層面而言，日本和台灣的確可以產生共鳴：日本的戰後經驗和台灣的發展例證都使日本人強烈相信他們能夠捍衛民主的價值與制度。「台灣人和我們很像」的觀點已經深入到日本一般大眾的文化和社會當中。兩國在政體和人民方面有太多相似的地方，甚至就連兩國所面臨的安全負面因素也相當雷同。台灣和日本同樣都是必須仰賴國際貿易生存的民主島國，而且都生存在中國崛起的陰影之下。因此，日本通常都會將美國是如何面對中國對台灣的安全威脅作為解讀美國對日本防衛承諾的重要指標。

戰略環境

全球安全脈絡

反恐戰爭戰爭已經改變了整個國際安全的架構。美國已經將其安全的重點由原本的反對美國霸權的國家，轉移到那些從事跨國性恐怖主義的非國家行為者上。因此，美國安全政策的焦點就鎖定在那些支持恐怖主義的國家，也就是布希總統所認定的那些包括了伊拉克、伊朗、北韓在內的邪惡軸心國家。美國認為要摧毀諸如蓋達這類的這些恐怖團體，首先就必須消滅任何可窩藏這些團體的地點，因此打擊這些支持恐怖主義的國家成為布希總統安全政策的優先目標。

就安全目標的層級性而言，保護美國人民身家性命的重要性是要高過維護美國價值的重要性的。價值甚至還比某些其他的物質利益更低。例如，在有關增進阿拉伯世界的民主和人權方面，美國的作法一向都是以不能傷害美國和沙烏地阿拉伯或其他波灣威權國家之間的親密關係為前提。換言之，獲取石油比推展西方價值更為重要。同樣地在有關對中國的政策上，美國也認為和中國合作反恐的重要性是要遠大於迫使中國接受國際規範的重要性的。

由於美國目前仍是全球的唯一霸權，因此美國訂定這樣的政策優先順序是合理的。如果中國一旦成為了潛在的威脅者或「同級競爭者」(peer competitor)時，許多人認為這是無可避免的，那麼即便是中國並沒有擾亂國際秩序的企圖，美國的國際觀還是會因此而有所改變。針對中國大陸出口的大幅成長，美國勞工、商業等團體已紛紛在國會表達了對中國的不滿，並已引起美國國防和情報圈某種程度的關切。不過由於中國絕大部分的對美出口都與外資有關，因此目前美中雙方產生的貿易磨擦情況並不嚴重；但是如果中國的經濟力量強大到足以對美國產生威脅時，正如同中國目前對台灣和日本所構成的威脅，則要求美國對中國嚴格設限呼聲將會大幅升高。

另一項與美、日、台三邊利益有關的全球安全脈絡則是有關戰略核武的問題。就全球的角度而言，大規模殺傷性武器的擴散是最受各國關切的問題，特別是當跨國性的恐怖主義份子也可能開始使用時核武時更是如此。另一方面，若就核武器的戰略面向—亦即各核武強權間的戰略關係而言，各核武強權間的衝突性其實並不高。因此他們不但針對若干包括反恐在內的共同關切問題進行了政治合作，同時也在武器管制的項目上取的了一定的進展。各核武強權繼續大戰略上維持合作關係，顯示他們已廣泛地接受了美國霸權或單極領導的事實。因此就整體的國際環境而言，的確是有利於美日同盟和中國之間發展一定的安全合作關係。

區域安全脈絡

由於北韓所引起的軍事威脅，特別是她所擁有的大規模殺傷性武器，使得目前東北亞地區的安全問題最為棘手。不過令人意外的是，美日兩國都已發覺中國在北韓問題上所持的正面積極的態度。儘管有些人認為中國是企圖藉此議題來增加本身的影響力，但無論如何中國此舉都是值得讚揚的。由於在解決北韓核武危機上所採取的合作態度，中國贏得了負責任強權的國際聲望。雖然中國對朝鮮半島問題的動機、利益和意圖啟人疑竇，但華府若對此事過份吹毛求疵卻是不明智的作法。

其次就東南亞地區而言，本區主要的安全問題則是與區內的小國有關。東南亞地區的恐怖主義、走私和跨國性犯罪，包括毒品交易、洗錢、販賣人口和槍枝走私等問題，其實都源自於這些國家中央政府無力維持本國國內安全環境所致。東南亞各國除了緬甸、印尼和菲律賓之外，幾乎都已沒有可能威脅其國家主權的國內勢力存在，因此他們對於化解可能的外來主權威脅的問題著力甚深。對此東南亞各國採取了三項交叉策略。第一，建構堅強但適當的自衛力量；第二，支持美國所維持的霸權穩定狀態；第三，透過「東南亞國協」（ASEAN）和「東南亞合作條約」（Treaty of Amity and Cooperation, TAC）來建構次區域的安全共同體。東南亞國家透過東協中的「東協區域論壇」（ARF）來作為影響本區主要強權的著力點。

南亞、中亞和西南亞地區

中國對於其西方邊陲的影響力一向相當薄弱，甚至勉強地維持中央對於新疆和西藏的控制。因此即便印度一再宣稱其在南亞地區的領土主權，甚至於 1962 年爆發中印邊境戰爭，但中國對本區的周邊國家並未構成嚴重的威脅。就中亞地區而言，中國主導成立的「上海合作組織」（Shanghai Cooperation Organization）其實並未真正增加中國對中亞地區的影響力，它只是作為中國舒緩中亞國家對中國安全疑慮的「信心建立措施」（CBMs）機制。

儘管如此，中國還是展露了她對中亞和南亞地區石油利益的重視。隨著經濟的快速成長，中國已由一個石油的出口國轉變為石油的進口國，而對中東地區的石油日益依賴。為了確保石油的供應，中國公開支持美國維持波灣地區穩定的政策作為。中國已嘗試從裏海地區取得石油，並透過油管交易取得來自俄羅斯的石化燃料。

目前中國認為現有國際原油市場的運作架構有助於確保中國的利益，因此對於相關的多邊國際合作表示支持。但是另一方面，中國也可能成為破壞或威脅產油地區穩定的國家。中國與伊朗之間的戰略合作關係一直被中國視為是牽制美國霸權重要籌碼。從中國與伊朗之間所涉嫌的導彈和核子合作顯示，中國的確有能力破壞本區的穩定，進而危及美日兩國的重要利益。

結論

就較廣泛的戰略脈絡而言，由於亞洲安全與各次區域內安全動態之間的相互關連性(inter-connectivity)日益明顯，特別是印度稱霸南亞和積極介入中亞事務，以及日本在印度洋和波斯灣所扮演的安全角色，因此中國面臨的競爭壓力與日遽增。當面對了美日兩國緊密的同盟關係、日本試圖與中國競爭亞太地區的領導權，以及美日聯盟與印度之間建立了親密戰略關係等新情勢時，北京乃開始致力降低她與東年亞國家之間的緊張關係，特別是暫時擱置南海主權爭議，並加入了「東南亞友好合作條約」。而在東北亞方面，儘管有人認為中國之所以在北韓問題上讓步的原因，是因為中國深知短期內她仍無法與美國的勢力抗衡而必須盡量避免與鄰國尋釁，但中國的長期意圖為何仍有待進一步觀察。

唯一的例外則是台灣問題，由於中國認為台灣問題屬於中國的內政問題，因此中國很難在台獨的問題上讓步。北京對台灣在言辭和軍事上的恫嚇在在顯示中國對台灣的基本立場並未鬆動。事實上中國對於美國全球領導地位的支持，以及她在與中亞（上海合作組織）、東南亞（東協區域論壇和東南亞友好條約）和北韓（六邊會談）等國進行國際安全合作時所展現的友好態度，都只能視為是中國為解放軍爭取發展時間的一種手段。如果中國真的想要獲得鄰國的信任，進而成為一個負責任的強權，中國就必須針對她的軍事能力採取有意義的透明化措施。中國也必須調整其軍事現代化的目標，以避免增加對台灣的軍事威脅。

美日兩國可以繼續強化它們之間的防禦合作關係和戰略對話，以便在有關台海的安全問題上採取共同且明確的立場。只要美日兩國能夠堅持先前針對台獨問題所作的承諾與聲明，此舉就不會引起中國的反彈。此外，美日同盟也應該繼續中國進行安全對話，例如強化目前在有關反恐、大規模殺傷性武器擴散、走私和跨國犯罪犯罪、維持南亞和波斯灣地區穩定和核軍控等領域的安全合作。當然於此同時，美日兩國也應再次重申對於中國任何企圖以武力威脅台灣作為絕不容忍的堅定立場。

兩岸態勢評估（2003/2004年）

黃介正

最近幾個月來，有關台海的和平與穩定又再次成為了國際新聞矚目的焦點。1980年代末和1990年代初台灣和大陸開始進行互動，許多本地的學者認為兩岸關係在本質上是屬於雙邊關係。然而1995年和1996年的台海導彈危機卻使得兩岸問題與全球和區域的安全息息相關。因此，北京和台北對對方的政策也將對其鄰國產生影響。

有關全球安全態勢之七項爭辯性的概念典範

大規模殺傷性武器擴散和全球安全威脅的跨國特性決定了後冷戰時期國際政治的走向。在有關如何因應此一情勢方面，過去十年間共出現了以下七種不同的競爭性的概念典範，而其中的每一項都對兩岸關係的處理具有一定的影響：

(1) 預防外交與先制防禦

1990年代初有人主張可以透過有效的外交手段來防止國際和區域衝突；但也有人認為透過武力採取先制作為更能達到防止衝突的目的。

(2) 戰略模糊與戰略清晰

對許多決策者而言，戰略模糊提供了預防危機時之戰術運作的空間；但也有人主張只有戰略清晰才能避免產生錯誤認知和誤解的情況。

(3) 誘導與強制

理想主義者認為透過說服和獎賞能夠改變國家的行為，進而帶來長期的和平；而現實主義者卻認為只有透過威迫和懲罰才能達到制約流氓國家的目的。

(4) 多邊主義與單邊主義

冷戰的結束增加了國際組織和多邊論壇對新國際秩序的角色作用；但對大國而言，只有在單邊作為力有未逮之時，才願意在國家的利益上做出妥協。

(5) 促進和平與建制變遷

當聯合國和其他國際組織作為衝突解決的機制時，維持和平和促進和平（peace-making）通常被認為是主要的衝突解決途徑；但也有論點主張建制變遷(regime change)才是維持長期和平更好的方式。

(6) 傳統同盟與自願同盟

許多國防專家認為只有傳統的同盟關係才能提供足夠和有意義的安全協助；但也有人主張條約式的同盟關係因為過於官僚化和缺乏彈性而不能對危機作出適當的反應。

(7) 優勢軍力與軍力轉型

絕對優勢的軍力部署通常被認為是避免戰爭的主要方式；但也有人主張能夠快速反應的小型部隊更能面對未來的危機。

上述七項典範概念或許不是直接與兩岸關係有關，但全球戰略態勢下的大國政治卻是兩岸決策者在評估彼此關係時必須考慮的重要因素。

四項區域現況

筆者認為目前必須面對的亞太區域實況包括以下幾項：

(1) 政治大戲不斷上演

首先，在2003年亞太地區的政治時程表上已排滿了各項政治大戲。北京於2002年初完成了政治接班的任務。日本和馬來西亞也剛結束了政權的轉移。印尼和菲律賓將於今年舉行總統大選。南韓總統盧武鉉正遭遇在野黨對其政治權威的挑戰，至於是否會因此而對北韓核武危機帶來新的問題則還有待觀察。香港除了區議會的選舉剛剛落幕外，2003年也將進行立法局議員的改選。香港要求民主的呼聲日益高漲，這對香港特首董建華和北京領導人都是一項挑戰。台灣則將於2003年3月舉行總統大選，並在稍後的12月進行立法委員的選舉。此外，2003年最重要的一場政治壓軸戲就是11月份的美國總統大選。這些政治活動不僅將對個別國家的國內政局造成影響，也會為整個的亞太地區帶來新的挑戰、新的調整與不確定。因此今年將是充滿挑戰的一年。

(2) 中國區域主導地位上升

其次，中國在許多領域上的主導地位升高。除了在軍事現代化方面外，在經濟方面，博鰲論壇和東協加三亦使得中國的經濟領導地位上升。另外在其他領域，例如在太空合作方面，中國也成為了主導亞洲太空合作的中心。2008年透過主辦奧運的機會亦可使中國的地位大幅提升。因此在未來的數年內，中國對本區域的影響力將明顯增加。

(3) 兩韓的困境

第三，朝鮮半島的核武危機尚未解決。事實上整起事件隨時都有擦槍走火的可能。台灣本身由於過份關注國內的政治議題，而忽略了此刻亞洲鄰國關注的焦點都集中在北韓核武危機的問題上。若干國家正試圖透過多邊的努力來加以解決。但是由於北韓政治的晦暗不明，以及缺乏可針對北韓情勢作出合理政策評估的相關資訊與知識，因此只要有任何一點差錯出現，例如金正日發狂或者盧武鉉成為弱勢總統，這些都可能為北韓核武危機帶來新的變數。

(4) 缺乏美國與台灣參與的亞洲經濟同盟

最後，亞洲也可能出現新的經濟同盟，它可能是「東協加一」或「東協加三」所組成。但可以肯定的是，無論是在東協加幾的方案中，都排除了美國和台灣的參與。不過究竟是東協的方案還是APEC較適合扮演亞太經濟聯盟論壇的角色還仍有待未來進一步的觀察。

兩岸關係在2004年所面臨的六大挑戰

(1) 經貿和安全威脅之間的平衡

第一項挑戰是兩岸如何尋求在經貿和外交壓迫與軍事威脅之間的平衡。這是台灣不得不面對的政治現實，因為目前已有超過一百萬的台灣人居住在中國大陸。一方面台灣從大陸賺取了大量的外匯，另一方面大陸對台灣的軍事威脅和外交壓迫卻又與日遽增。因此台灣必須尋求兩者之間的平衡以維持台灣的生存和發展。

(2) 台灣自主性要求與國際現實之間的平衡

第二項挑戰是台灣如何在自主性要求與國際現實之間尋求平衡。例如，一方面台灣方面認為有關台灣的未來應由台灣2300萬人民所決定；另一方面國際間認為有關兩岸的爭議應由兩岸雙方以和平的方式解決，而且任何解決的方案都必須先獲得雙方的接受。但這兩項主張其實是互相矛盾的，而這也正是台灣所必須面對的挑戰。換言之，台灣如何在自主性要求與國際現實之間謀求平衡是台灣的第二項挑戰。

(3) 兩岸的軍力失衡

第三項挑戰是有關兩岸軍力的失衡。中國國防以及海空軍的持續現代化已對台灣構成了嚴重威脅。為此台灣正進行國防體系的改革與組織重整。不過當台灣正在進行國防體系改革，並展開有關信心建立措施的討論時，中國卻正在備戰當中。

(4) 兩岸關係時間線的付諸闕如

第四項挑戰是如何在兩岸關係中引進「時間線」(timelines)的概念。自從兩岸於1980年代末展開交流以來，在這段長達十多年的時間內，兩岸卻都沒有將時間線的概念引進雙邊關係當中。不論兩岸關係時間線對兩岸關係的好壞與否，我們的確應對此一議題作更進一步的思考。

(5) 北京理解台灣政治改革的能力

第五項挑戰是有關北京評估和理解台灣政治改革的能力。台灣很早就展開了經濟方面的改革，而地方的選舉亦早在1952年時就已開始。台灣人民由自己選擇本地或全國性的領導人已有超過50年以上的歷史。這是台灣政治發展的一個階段過程。但就中國大陸而言，1986年胡耀邦和1989年趙紫陽的改革卻都相繼失敗。這或許也是胡錦濤無法避免的改革宿命。儘管他的幕僚或智庫曾針對有關政治結構的改革進行討論，但迄今我們仍未看見中國有任何的改革作為。這對中國政權而言將是一項挑戰。因此就政治發展階段而言，中國當局應理解的是台灣和大陸是處在不同的政治階段當中。換言之，如果兩岸在軍事上是處於不對稱的條件之下的話，那麼兩岸在政治發展的階段上同樣也正處於不對稱的條件之下。對此中國必須有一定的瞭解與評估，否則中國必然會對台灣內部的政治發展視為是對北京立場的挑釁行為。

(6) 兩岸經貿關係正常化

最後一項挑戰則是有關兩岸經貿關係的正常化。我們正針對三通、直航和其他的議題進行討論。隨著兩岸經貿關係的日趨頻繁，雙方必須對話的議題也就隨之增加。因此兩岸經濟關係必須正常化，而這正是兩岸關係的另一項挑戰。

結論

本文將採以下的兩點呼籲作為結論。第一，我們要呼籲國際社會協助我們傳達台灣追求和平和願意談判，以及不希望兩岸發生戰爭或衝突的聲音。當兩岸關係的發展是由所有中道力量所主導時，兩岸就可能創造出所謂的「功能性和平」(working peace)關係。相反地，倘若兩岸關係是由激進的力量所掌控，那麼出現「功能性和平」的可能性也就微乎其微。因此本人在此呼籲所有的國際友人都應協助台灣繼續維持這樣中道的力量與聲音。

其次，無論今年是誰當選台灣的下屆總統，重啟兩岸對話與談判都將是台灣總統必須面對的政治現實。我們同意兩岸應該坐下來對話，雙方對話的基礎在於北京同樣支持兩岸和平與對話的溫和派。過去幾年來，台灣政府一再敦促中國與台灣進行對話。台灣方面已針對 1992 年所制訂的「兩岸關係條例」進行了修正，公布「兩岸直航技術評估報告」，以及提出了「航空貨運便捷化措施」。台灣甚至表示，如果大陸對這些措施不滿意的話，我們願意就此與大陸進行協商，大陸方面也可提出相對的方案。中國不應再將飛彈瞄準台灣，或要求台灣接受一個中國原則。我們呼籲中國應正視台灣這幾年在兩岸關係上的努力，而在沒有任何前提條件下與台灣進行對話。其實無論是何人當選總統，他都會堅持尊嚴、對等與安全等三項基本原則。任何台灣的領導人都不會接受中國的統治。台灣政府只接受台灣立法院的監督，任何領導人都不可能在缺乏對等、尊嚴和安全的情況下與中國簽訂條約。

朝鮮半島安全問題與中國因素：機會與挑戰

Yasuyo Sakata (阪田恭代)

前言

中國的崛起對朝鮮半島和東北亞的安全帶來了機會與挑戰。自 1990 年冷戰結束迄今，中國對朝鮮半島的影響力大增。中國一向與北韓（DPRK）維持密切的關係，但隨著以胡錦濤為首之務實的改革世代的掌權，中國對北韓關係的態度越來越傾向"公事公辦"（business-like）的態度。[1]過去數年來，中國一直透過提供北韓食物與燃料的方式協助北韓免於內部崩潰，並鼓勵北韓從事經濟改革。儘管兩國於 1961 年所簽訂的「中朝友好、合作互助條約」(Sino-DPRK Treaty of Friendship, Cooperation and Mutual Aid）仍然有效，但為了避免美國和北韓之間的軍事危機，中國方面有學者呼籲應考慮取消條約中有關軍事協助義務的相關規定。[2]

---

[1] 有關中國與兩韓之間的關係，參見：Scott Snyder and Ah-Young Kim, Comparative Connections, Special Annual Issue, "China-ROK-U.S. Relations and Regional Security in Northeast Asia" (July 2003) 〈http://www.csis.org/pacfor〉

[2] 該學者認爲，爲了避免美國和北韓爆發軍事衝突，中國應與北韓針對刪除條約中有關兩國軍事聯盟條款（條款中規定如果北韓遭遇國外勢力攻擊，中國有協防北韓之義務）的議題展開公開的會談，以避免北韓對條約內容產生誤解。參見：Shen Jiru, "An Urgent Matter in order to Maintain Security in Northeast Asia –How to Stop the Dangerous Games in the DPRK's Nuclear Crisis," Abstracts for *World Economics and International Politics*, No.9 (2003), Institute for World Economics and Politics (PRC) 〈http://www.iwep.org.cn/wep/200309/wep200309content_en.htm〉

自從中國與南韓（ROK）於 1992 年關係正常化之後，兩國的關係就不斷進展。中國與南韓的貿易關係在 1992 年至 2001 年之間以每年成長 20%的速度增加，2003 年中國大陸甚至已超越美國成為南韓最大的出口市場，並成為南韓對外投資的最大標的國。[3]此外中國與南韓的外交關係也日益密切。1998 年 8 月在江澤民與金大中舉行的高峰會中宣布了「二十一世紀中韓合作伙伴關係」的聲明；1999 年 3 月在「東協加三」高峰會中，則開啟了中國、南韓和日本三國領袖在東協會議中召開年度會議的先例。有關朝鮮半島的和解中國也給予支持，並於 2000 年 6 月在北京所召開的平壤高峰會中進行了相關協議的談判。[4]此外，兩國針對北韓的難民問題也進行了合作。儘管中國並未合法認定越境的北韓人為難民，但選擇性的針對某些人的移居南韓進行合作。[5]另外中國與南韓也進行軍事交流，從 1996 年起兩國就定期舉行國防部長級的高層會談。[6]

而在和平和安全領域方面，中國也扮演了重要的角色。由於中國在韓戰中派遣了"自願軍"參戰，因此中國成為了朝鮮半島停戰協定的談判代表之一，並且參與了在 1997～1999 年所召開的四邊會談，

---

[3] 參見：Snyder and Kim, “China-ROK-U.S. Relations and Regional Security in Northeast Asia,”op.cit., p.7

[4] 參見：Zalmay Khalizad, et. al, *The United States and Asia: Toward a New U.S. Strategy and Force Posture* (RAND, 2001), p.10.

[5] 參見：Scott Snyder, “Transit, Traffic Control, and Telecoms: Crossing ‘T’s’ in Sino-Korean Exchange,” *Comparative Connections*, Pacific Forum CSIS, April 2002, 〈http://www.csis.org/pacfor/cc/0201Qchina_skorea.html〉

[6] 參見：“Promotion of Military Cooperation with Neighboring Countries,” *ROK Defense Policy*, ROK Ministry of National Defense, 〈http://www,mnd.go.kr〉

而與美國和南北韓等三方代表共同針對作為取代停戰協定的和平協議進行談判。[7]自從 2003 年北韓再度發生核子危機以來，中國就直接介入了朝鮮半島的防止核擴散和非核化的處理。這是中國在朝鮮半島問題上所扮演的新角色。中國第一次針對北韓核武問題採取了明確的行動，而與美國、南韓、俄羅斯和其他相關國家共同透過和平的手段來解決朝鮮半島的核武危機，最終達到朝鮮半島非核化的目的。[8]此外，中國也在去年 8 月於北京召開的「六邊會談」中扮演關鍵的角色。儘管此次的談判能否達成協議尚在未定之天，但「六邊會談」的確提供了一條以外交手段解決核子爭議的管道。

朝鮮半島的另一項問題則是美韓同盟與駐韓美軍的問題。從去年春季開始，美韓兩國就召開了所謂「未來同盟政策方案」(Future of the Alliance Policy Initiative)會談，展開為因應「後九一一」和伊拉克戰爭之後國際新局勢所進行的美韓同盟轉型。儘管北韓的威脅是目前最重要的問題，但就中長期而言，中國仍是決定未來美韓同盟關係的重要因素之一。傳統上美韓同盟和駐韓美軍的活動範圍應侷限於朝鮮半島，但一旦同盟關係轉型成功，則其活動範圍將跨越朝鮮半島，進而成為亞太地區的「區域同盟」。美韓同盟可能將因此而和美日同盟類似，將台灣海峽亦納入其活動的範圍。針對此一發展，中國肯定將不表歡迎，將美韓同盟的未來發展構成重大挑戰。

---

[7] 參見："Tai Chosen Hantou Kankei (Hideya Kurata)[Relations with Korean Peninsula]," *Chugoku Souran 2000-nen ban* [China Yearbook 2000](Tokyo: Kazankai, 2000).

[8] 參見：Sachiko Masuo, "Rokusha Kyougi to Chugoku no Shin-Gaikou [Six Party Talks and China's New Diplomacy]" JIIA Column, Japan Institute for International Affairs (Tokyo), 〈http://www.jiia.or.jp/report/column/0308_masuo.html〉

本文將針對上述「六邊會談」和美韓同盟等兩項議題中的中國因素進行討論，以及評估如何才能妥善處理與中國的關係，進而增進區域和平安全和強化朝鮮半島的區域合作。

六邊會談與中國因素

多邊區域架構

為了因應 2002 年 10 月所爆發的北韓核武計畫危機，相關國家在 2003 年 8 月底於北京舉行了「六邊會談」。有鑒於「聯合國安理會」和「國際原子能總署」對於北韓核武問題的遲遲未決，因此試圖改以區域的外交手段進行解決。換言之，「六邊會談」被視為是尋求「和平解決」北韓核武問題的「機會之窗」。儘管「六邊會談」的前途未卜，但此一多邊架構由於是第一個能將所有東北亞重要國家—南北韓、美國、日本、中國和俄羅斯納入討論朝鮮半島問題的多邊架構，因此重要性不言可喻。

有關召開東北亞「六邊論壇」的提議，最初只有南韓、日本和俄羅斯三國表示支持，美國和中國對其抱持懷疑的態度，而北韓對此則表示反對。[9]不過諷刺的是，「六邊會談」的構想最後卻在美國

---

9 南韓在 1980 年代末期起展現出對召開東北亞論壇的高度興趣。1988 年南韓總統盧泰愚提出成立東北亞和平諮商會議的構想。1994 年南韓外長朝生洲在東協區域論壇資深官員會議中提出了設立「東北亞安全對話」（NEASED）的建議，此一多邊架構包括了南北韓、日本、中國和俄羅斯等六國。此一論壇討論的問題除了北韓核武議題外，也可以討論本區包括了台海問題在內的其他問題。儘管俄羅斯和日本兩國對此提議反映積極，但北韓和中國對此則興趣缺缺，隨後整個過程亦告擱淺。當 1996 年南韓政府提出「四邊會談」的建議時，有關東北亞安全對話的

和中國這兩個原先抱持懷疑國家的主導下於2003年實現。當布希政府於2003年初強調多邊途徑的重要性時，美國就成為了背後推動此一會談的主要力量。[10]為了避免再採取柯林頓政府時期「協議架構」（Agreed Framework）雙邊途徑的作法，布希政府乃要求中國、日本和北韓一同積極參與此一問題的解決。其中中國在說服北韓參與談判的過程中扮演了關鍵的角色。俄羅斯則在北韓的要求下亦參與了談判。此外，由於中國和俄羅斯皆為安理會的常任理事國，因此如

方案也就不受重視。而「六邊會談」架構的方案則是由日本首相小淵惠三於1998年10月在與南韓總統金大中進行的高峰會中所提出。對此南韓和俄羅斯表示興趣，但美國與中國則態度審慎。由於各國利益的分歧，NEASED的方案難以推動。NEASED相對應的二軌機制「東北亞合作對話」（Northeast Asia Cooperation Dialogue, NEACD）則於1993年成立。參見：Hideya Kurata, "Kitachousen no Kaku Kaihatsu Mondai to Takokukan Kyougi [The North Korean Nuclear Problem and Multilateral Talks]," *Sekai Keizai Hyouron* [Sekai Keizai Kenkyukai, ed., Tokyo] Vol. 47, No. 11(November 2003), p.7-8; "Northeast Asia Security Cooperation," 23 July 2000, ROK Ministry of Foreign Affairs and Trade, <http://www.mofat.go.kr>; Hanns W. Maull and Sebastian Harnisch, "Embedding Korea's Unification multilaterally," *The Pacific Review* Vol. 15, No.1 (2002), p.38; "21 Seiki ni muketa Aratana Nikkan Partnership no tameno Koudou Keikaku [Action Plan for the Japan-ROK Partnership toward the 21st Century], Japan. MOFA<http://www.mofa.go.jp/mofaj/kaidan/yojin/arc_98/k_kodo.html>

[10] 參見：Akio Watanabe, "The North Korean Nuclear Crisis and Regional Security Cooperation: A Northeast Asia Initiative for a Nuclear-free Korea," unpublished paper for the 3rd Japan-Korea Seminar on "Security in Northeast Asia and Japan-Korea Cooperation," co-sponsored by Japan Association for United Nations Studies and the Korean Academic Council on the United Nations System, United Nations University, Tokyo, 15-16 March, 2003.

果一旦相關的核問題必須交付安理會制裁的話，兩國也都可以扮演重要的角色。[11]

事實上，針對北韓核子問題過去就有學者提出有必要採取區域性的多邊途徑來加以處理。南韓學者安炳俊(Ahn Byong-joon)指出，有鑒於北韓核武對整個亞太地區所造成的影響，因此僅由美國和南韓雙邊所主導的「協議架構」勢必有其侷限性。為了能夠有效解決北韓核武危機，區域性的解決方案應將美國、北韓、日本、中國與俄羅斯等諸國一併納入架構當中。安氏認為，美、日、南韓應透過其穩定的伙伴關係促使金正日政權明確地放棄核武計畫，進而透過與中國和俄羅斯達成戰略性諒解的方式來完成朝鮮半島非核化的目標。中俄兩國亦可協助北韓切實履行日內瓦條約（協議架構）的規定，並保證朝鮮半島的非核化。[12]

此次核武危機再度爆發之後，安全問題專家 John Endicott 和 James E. Goodby 也強調區域內相關國家接觸的必要性，並建議應成立「東北亞會議」（Northeast Asia Conference）作為討論查核和解除北韓核武計畫方式的機制，亦即倡議建立東北亞的合作性安全體系。他們認為，除非是在「廣泛的北韓問題解決」(borad Korean settlement)脈絡中，否則北韓核武危機並不容易解決；但也不必因此

---

[11] 參見：Hideya Kurata, “Kitachousen no Kaku Kaihatsu Mondai to Takokukan Kyougi,” op.cit., p.10-12.

[12] 參見：Byung-joon Ahn, “The NPT regime and denuclearization of the Korean Peninsula,” in Takashi Inoguchi and Grant B. Stillman, eds., *North-east Asian Regional Security: The Role of International Institutions* (Tokyo: United Nations University Press, 1997), p.143-144.

就將所有其他區域的強權都納入其中。[13] 此一「區域途徑」最後就是以「六邊會談」的方式實現。

討論議題為何？核武問題及其他

「六邊會談」是以處理和解決北韓核武議題為其主要的目的，會談的共同目標是解除北韓的核武計畫和成立朝鮮半島非核區。關於此一議題，在第二回合會談中已有論及，各方將透過加強談判的方式來達成此一目標，而中國將在其中扮演關鍵的仲裁角色。

此時最需要討論的議題應為如何針對北韓核活動的凍結進行查核的措施。這些措施應訴諸於談判來完成，但是一旦談判的過程不順利，則可再將此議題送回聯合國「安理會」討論，如此一方面可達到對北韓施壓的目的，另方面亦可向北韓傳達此項問題必須透過談判解決的明確訊息。當然，於此同時亦應保持對各種談判軌道的開放態度。

有關核議題的解決，應可在美國和北韓所簽訂的「協議架構」的基礎上再加以修正或轉型，以便符合區域途徑的需要。1992 年南北韓所宣布的朝鮮半島非核化聯合聲明則應加以履行，即聲明中宣布雙方放棄擁有鈽的再處理與鈾濃縮能力。此外，為了進一步保證

[13] 北韓亦應納入此一會議當中，"但如果金正日拒絕參加的話，會議仍應召開"，而"討論的議題應以對國際和平和安全構成立即威脅的議題爲焦點"。參見：John Endicott and James E. Goodby, “A Northeast Asian security conference,” *The International Herald Tribune*, 5 November 2002.

朝鮮半島的非核化，東北亞地區也應建立某些防擴散的區域性安排，作為輔助性的防擴散機制。[14]

此一機制除了應包括查核和檢查的設計外，並應有協助北韓解除核計畫的方式。例如可以仿照美國協助獨立國協國家拆除核武器的「納恩—盧格合作降低威脅計畫」（Nunn-Lugar Cooperative Threat Reduction Program）來協助北韓拆除核武器。[15]

---

[14] 2003年5月在CSCAP所舉辦的一場核能專家團體會議中，曾討論過有關"朝鮮半島核查核機制"的建議案。會中建議以多邊機制來針對朝鮮半島的非核化、核材料的非武器化和執行國際原子能總署核防護等項目進行查核。參見：Brad Glosserman, "A Verification Regime for the Korean Peninsula," PacNet Newsletter 19 (15 May 2003), Pacific Forum CSIS <http://www.csis.org/pacfor>.此外，日本專家Hajime Izumi也提議建立「東北亞防核擴散區」（Northeast Asia Nuclear Non-proliferation Zone），此一構想和「喬治亞理工學院」（Georgia Institute of Technology）「國際戰略和政策中心」（Center for International Strategy and Policy）所提出的「東北亞有限無核武器區」的構想類似。參見："Initiative for Limited Nuclear Weapons Free Zone for Northeast Asia," Japan Committee's Report of the Eighth Expanded Senior Panel at Mongolia, December 2002 (in Japanese)。 另一種建議則是主張成立類似「歐洲原子能共同體」（EURATOM）的機構，亦即「亞洲原子能共同體」或「亞太原子能共同體」。該機構可針對和平核能合作進行監督。參見：Ralph A. Cossa, ed., *Asia Pacific Multilateral Nuclear Safety and Non-Proliferation: Exploring the Possibilities: Report from the International Working Group on Confidence and Security Building Measures* organized by the Council for Security Cooperation in the Asia Pacific. Honolulu, Hawaii, 1996. 〈http://www.cscap.nuctrans.org〉

[15] 日本專家Hajime Izumi指出，如果北韓能夠針對核計畫作出令美國美國滿意的回應的話，布希政府應該是會考慮以「納恩—盧格合作降低威脅計畫」的模式援助

不過「六邊會談」真正的價值還是在於它使全面解決朝鮮半島安全與和平問題成為可能。正如同前面 Endicott and Goodby 所言，北韓核武議題只有在「廣泛的北韓問題的解決脈絡」中才能獲得解決，因此必須建立「東北亞合作性安全體系」(Cooperative Security System for Northest Asia)才能達到擴大調停參與的目的。[16]另外季辛吉也表達了類似的觀點。季氏指出，「六邊會談」除了使各國能夠採取行動降低因北韓擁有大規模殺傷性武器所產生的威脅外，並可作為政治上的制約機制，藉此一方面將北韓納入國際體系，另一方面又可為主要強權在履行協議時提供必要的誘因。[17]

作為一項廣泛或全面性的解決方案，首先要處理的當然就是核武的問題，亦即當北韓放棄核武計畫時，各國將如何對北韓提供相對的"安全保證"作為交換。此外，它也可能觸及以下的幾項議題：(1)軍控和削減軍備，包括生化武器、導彈等其他大規模殺傷性武器和傳統武器；(2)以和平條約取代停戰協定；(3)能源和經濟合作問題；(4)人權議題，包括北韓難民、南韓和日本被綁架者的問題等。

北韓的。參見：Hajime Izumi, “Kakumondai wo meguru ‘Rakkan-teki Sinario’ no Kentou [Considering an “Optimistic Scenario” for the Nuclear Problem],” Kazankai, eds. *Toua* (Tokyo), 437 (November 2003), p.57.

[16] 北韓亦應納入此一會議當中，"但如果金正日拒絕參加的話，會議仍應召開"，而"討論的議題應集中在對國際和平和安全構成立即威脅的議題"。John Endicott and James E. Goodby, “A Northeast Asian security conference,” *The International Herald Tribune*, November 5, 2002. 1

[17] 參見：Henry Kissinger, “The Six-Power Route to Resolution,” *Washington Post*, 18 August 2003.

事實上，布希政府也正在考慮以上述這樣一個全面解決方案來處理北韓核武的問題，並已和北韓提及這樣的構想。在 2003 年 8 月召開的「六邊會談」中，美國代表向北韓方面提議，美國將依據北韓放棄核武計畫的情況，來評估採取從逐步放寬對北韓的制裁到最終簽訂和平條約等不同程度的措施。[18]這些措施則是依據北韓拆除其核武設備和准許不設限檢查的情況來分階段實施。[19]值得注意的是，自從「六邊會談」開始，布希政府就已採取較為"彈性"的方式來與北韓進行談判。以往美國都是一開始就先要求北韓放棄核武計畫，但此次卻接受了北韓分階段—承諾、凍結和拆除等三階段的處理方式。而在下一回合的談判中，美國亦決定透過某種形式的多邊安排來對北韓提供相對的「安全保證」。[20]儘管有關提供安全保證的細節尚未成形，但如果各方能在下一回合的會談中達成共識的話，它將成為在北韓問題上簽訂全面性條約過程中的重要一步。

除了安全保證之外，一旦北韓放棄核武計畫，美國也考慮建構「永久性的和平機制」(permanent peace mechanism)來取代韓戰停戰

---

[18] 參見："U.S. Said to Shift Approach in Talks with North Korea," *The New York Times*, 5 September 2003. <http://www.nytimes.com>

[19] 這是美國國務院於 2002 年 10 月 16 日的聲明中所提出的一項"大膽的途徑"（bold approach），主要是美國準備向北韓提供作爲改善北韓人民生活的經濟和政治援助，藉此達到大幅改變北韓在包括大規模毀滅性爲器計畫、發展和導彈的出口、威脅對其鄰國使用武器，以及支持恐怖主義等問題上之作爲的目的。參見："U.S. Seeks Peaceful Resolution of North Korean Nuclear Issue," U.S. Department of State, 16 October 2002 <http://usinfo.state.gov>; "U.S. Says Shift by North Korea Could Bring Aid," *The New York Times*, 15 January 2003.

[20] 參見："Bush Proposes a Security Accord for North Korea", *The New York Times*, 20 October 2003.〈http://www.nytimes.com〉

協定。此一方案無論是在2003年4月於北京所舉行的三邊會談或在「六邊會談」中都曾向北韓方面提出。依據「日本經濟新聞」（Nikkei Shimbun）的報導，,有關北韓問題的解決考慮採取以下的步驟達成：(1)北韓承諾完全放棄其核武計畫；(2)美國、日本、中國、南韓、俄羅斯以及其他的國家將文件的方式北韓提供安全保證；(3)北韓完全拆除其核武計畫；(4)向北韓提供基本的經濟援助，並部分解除對北韓的經濟制裁；(5)討論有關生化武器、導彈和傳統武器的問題；(6)針對各項問題達成廣泛的解決方案；(7)簽訂可取代停戰協定的多邊條約。這是整個北韓核武問題解決過程中的最後一步。[21]

中國所扮演的重要角色

「六邊會談」是針對處理北韓核武問題和謀求全面性解決方案的多邊論壇。除了北韓是引發整個爭議的主角外，美國、中國、南韓、日本和俄羅斯也都有其利害關係並扮演了一定的角色。除了在最重要的核武議題上，美國和北韓必須能夠達成協議外，在有關美國和日本、南韓之間所建立的防核子聯盟（non-nuclear allies）所引發的關切也必須加以處理。此外，導彈問題，特別是中長程導彈和其他大規模毀滅性武器的問題也是美國、日本和南韓所關切的問題。而在經濟合作的議題上，中國、俄羅斯和南韓則對此最感興趣。

---

[21] 參見：“Chousen Hantou ni Shin Wahei Goui: Bei, Kitachousen ni Kyusen kyoutei daitai wo Teian[A new peace agreement on the Korean Peninsula: U.S. proposes changing the Armistice Agreement to North Korea],” Nikkei Shimbun (Tokyo), 5 November 2003. This idea is similar to the United States Institute of Peace, Special Report (No.106), *A Comprehensive Resolution of the Korean War* (May 2003) <http://www.usip.org/pubs/specialreports/sr106>

[22]而在日本和北韓所發佈的平壤聲明中，日本也承諾對北韓提供資金上的援助。[23]

從以上的情形可以看出，中國在此一全面性解決方案中所能扮演的重要角色。中國的確擁有足以在美國和北韓之間扮演仲裁者角色的籌碼。中國除了可以提供北韓有關社會主義國家從事經濟改革所需的實際經驗外，亦可在以新的和平機制取代停戰協定的最後階段中成為重要的關鍵因素。因此中國參與「六邊會談」符合所有相關國家的利益。只要中國仍然以持續的經濟的發展和維持國際環境的穩定為其重要的國家利益的話，那麼在可見的未來內，中國仍會繼續選擇與其他國家合作，並介入此一談判進程。

對美國、南韓、日本和俄羅斯等國而言，透過此一架構而與中國維持戰略合作的關係也是符合他們本國的利益的，因為一個區域

---

22 南韓總統盧武鉉所提出的"和平繁榮政策"是以東北亞的經濟發展與合作爲其焦點，參見："Korea-China Cooperation for Peace and Prosperity in Northeast Asia ---Remarks by President Roh Moo-hyun at Tsinghua University, China," 9 July 2003, *ROK Ministry of Foreign Affairs and Trade*,〈http://www.mofat.go.kr〉；中國領導人胡錦濤則宣布發展東北是中國下一階段的發展目標，參見："Ima Naze "Touhoku Shinkou" ka ["Northeastern Development," Why Now ?]" *Asahi.com*, 26 November 2003,〈http://www.asahi.com/international/w-watch/TKY200311230235.html〉

23 在 2002 年 9 月 17 日的日本和北韓的平壤聲明中，日本承諾在兩國關係正常化之後，提供北韓經濟援助。日本外交部網站，<http://www.mofa.go.jp>。而依據最近的日本國會研究服務報告的說法，日本官方正在討論向北韓提供整批價值達 50-100 億美元的訂單。參見：Mark Manyin, *Japan-North Korea Relations: Selected Issues*, Congressional Research Service, 26 November 2003. 而在兩國關係正常化之前，必要的話日本也可能提供北韓相關的能源援助。

性的多邊解決方案較一個由雙邊或國際所主導的（例如聯合國）解決方案更能夠行之久遠。然而這並不表示必須排除雙邊或國際承諾，事實上兩者的關係應是相輔相成的。不過如「六邊會談」之類的多邊論壇仍是有效解決北韓問題的各項安排中的核心架構。

即便是北韓不願參與，但維持「六邊會談」進程仍是有利的，因為它可成為各方討論解決朝鮮半島問題的全面性方案或藍圖的一個重要管道。此外，會談的地點不應侷限於北京，而應輪流在漢城、東京、華府、莫斯科和其他參與國城市舉行，藉此以更凸顯會談的區域性。[24]

美韓同盟與中國因素

同盟關係的轉型

另一項有關朝鮮半島的議題則是美韓聯盟的未來，以及在此脈絡下中國因素的意義。針對「六邊會談」中國的因素可被視為是正面的積極因素。在有關解決北韓核武問題，以及針對朝鮮半島安全問題達成全面解決方案方面，中國的確是扮演了一個重要且關鍵性的角色。不過在有關美韓聯盟的未來走向上，中國的因素則成為了美韓聯盟的最大潛在假想敵。

---

[24] 日本學者 Masao Okonogi 建議在東京舉辦「六邊會談」，參見：Masao Okonogi, “Kitachousen Mondai No Shindankai to Nihon Gaikou: Taibei Hokanteki Renkei wo Mezashite [The new stage in the North Korean problem and Japanese diplomacy: toward a complimentary linkage with the U.S.],” Kokusai Mondai (Tokyo) 518 (May 2003), p.13.

美韓同盟正在經歷一場歷史性的轉型。在 2002 年 12 月召開的第 34 屆「美韓安全諮商會議」(U.S.-ROK Security Consultative Meeting, SCM)中(此即兩國年度國防部長會談),針對了「未來美韓同盟政策方案」的諮商達成了共識,並在 2003 年 4 月開始實施計畫的內容。此次會談的結果可說是自 1990 年代初以來針對聯盟關係之再定義所進行十年討論的大成,並經由布希政府的「軍力態勢評估」(military force posture review)或「倫斯斐報告」(Rumsfeld Review)而加速完成。透過此一再定義的過程,美韓同盟的目標已不在侷限於僅針對北韓的威脅,而進一步致力於維持更廣泛的"區域穩定"。[25]但在軍力結構方面,包括駐韓美軍在內並未改變。目前有關同盟未來的諮商已進入最後階段,主要是針對過時的軍力結構進行調整,以期因應二十一世紀的國際新環境。[26]

---

[25] 參見:Jonathan Pollack and Young Koo Cha, *A New Alliance for the Next Century: The Future of U.S.-Korean Security Cooperation* (RAND, 1995),這是一份由「韓國國防分析中心」(Korea Institute for Defense Analyses,KIDA) 和藍德公司(RAND)在 1992～1994 年共同所作的研究報告。

[26] 有關再定義過程的看法和分析,參見:“Beikan Doumei no Shourai: Reisen go no Saiteigi wo Fumaete [The Future of the U.S.-ROK Alliance: Beyond the Post-Cold War Redefinition],” paper for the Ajia Seikei Gakkai [Japan Association for Asian Studies], 2003 Higashi Nihon Kenkyu Taikai,[2003 East Japan Academic Conference] held at Kanda University of International Studies, Japan, 24 May 2003. See also, the author’s “Tenki wo mukaeru Beikan Doumei [The U.S.-ROK Alliance in Transition],” Heiwa Anzenhoshou Kenkyujo [Research Institute for Peace (Tokyo)], ed., RIPS Newsletter 149 (Spring 2003).其他有關美韓關係的文章,參見:“Aratana Wakugumi wo Mosaku suru Kanbei Anzenhoshou Kankei [ROK-U.S. Security Relations in Search of a New Framework],” Takushoku Daigaku Kaigai Jijou Kenkyujo [Takushoku

此次有關聯盟未來的藍圖是在 2003 年 11 月第 35 屆「美韓安全諮商會議」中所公布的，但針對駐韓美軍遷移的細節問題，則因為政治和財務兩方面的理由而尚未決定，兩國同意就此問題繼續協商。[27]目前雙方針對以下的問題進行評估：(1)儘管雙方同意盡早將駐韓美軍和龍山基地自漢城地區搬遷，但對於搬遷計畫卻尚未達成協議，雙方將就此問題繼續磋商；(2)強化美韓聯軍作戰能力；(3)美國對南韓軍方所提供的下一個 3 年 110 億美元的軍援計畫；(4)駐韓美軍將其某些任務區域（鄰近停戰區）移交南韓軍方接管；(5)駐韓美軍遷移至漢江以南的烏山和平澤後的重新部署整編。整編工作將分兩階段進行，第一階段目標完成時間訂於 2006 年。原先駐防漢城北方俗稱「保護網」(tripwire)的美國陸軍第二步兵師也將向南重新部署。[28]關於這些問題，布希政府即將在美國與全體同盟國所進行的諮商中展開進一步會談。[29]

University, Institute of World Studies] ed., *Kaigai Jijou* [*Journal of World Affairs*] Vol. 43, No. 11 (November 1995); "Emerging Concept for a 'Pacific Community' and U.S.-ROK Security Relations: Present and Future," in Chae-jin Lee and Hideo Sato, eds., *U.S.-Japan Partnership in Conflict Management: the Case of Korea*,The Keck Center for International and Strategic Studies, Claremont McKenna College, 1993.

[27] 駐韓美軍從龍山基地移防的經費估計將超過 30 億美元，該筆經費將由南韓政府支付。參見： "U.S. Awaits South Korea Plan on Troop Numbers in Seoul," The New York Times, 12 November 2003.

[28] 2003 年 11 月 17 日第 35 屆「美韓安全諮商會議聯合公報」。參見：Ralph Cossa, "Everything is Going to Move Everywhere ….but not Just Yet!" *Comparative Connections*, 2nd Quarter 2003, Pacific Forum CSIS, 〈http://www.csis.org/pacfor/cc〉

[29] 美國國防部部長倫斯斐訪問亞太地區之後，白宮發佈聲明表示總統希望與國會、盟邦和伙伴針對美國軍事方面的全球態勢進行諮商。關於此份美國總統於 2003 年 11 月 25 日所發表的聲明，參見： White House 〈http://whitehouse.gov.〉美國

區域化和中國因素

美韓同盟關係一旦開始進行轉型，勢必對美韓同盟產生「區域化」（reginalization）的效果。儘管北韓問題仍是同盟主要威脅或關切的目標，但原本的"半島同盟"關係將因此逐漸朝較大範圍的區域同盟轉型。換言之，美韓同盟關係的任務範圍將隨之擴大。[30]傳統上一向只負責半島上任務的駐韓美軍將轉型為一支部署於漢江以南可兼負半島外任務的快速機動部隊。[31]南韓也將因此在有關區域防禦和安全上扮演更吃重的角色。韓國軍隊將和越戰期間一樣，成為一支可

國防部的資深官員強調，美國的全球軍力部署包括了以下的幾項基本原則：（1）保持處理不確定狀態的彈性；（2）擴大盟邦的角色；（3）前置與快速部署的能力；（4）從能力而非僅以數量來進行有關武力結構的評估，參見："Defense Department Background Briefing on Global Defense Posture", 25 November 2003, U.S. Department of Defense, News Transcript, 〈http://www.defenselink.mil〉

[30] 有關"半島同盟"和"區域同盟"的討論，參見： Pollack and Cha, *A New Alliance for the Next Century*,op.cit;. Byung-joon Ahn, "Toward a Regional Alliance for Unification and Stability: A Test of Engagement," C. Fred Bergsten and Il Sakong, eds., *The Korea-United States Economic Relationship* (Institute for International Economics and Institute for Global Economics, March 1997).

[31] 有關駐韓美軍區域性角色的討論，參見：Michael O'Hanlon, "Keep U.S. Forces after Unification," *Korean Journal of Defense Analyses* 10:1 (Summer 1998); Robert Dujarric, *Korean Unification and After: The Challenges for U.S. Strategy* (Hudson Institute, 2000); Victor Cha, "Focus on the Future, Not the North," *The Washington Quarterly* Vol. 26, No.1(2002).

以擔負半島外任務的部隊。在美國對阿富汗和伊拉克戰爭中，南韓也參與了「聯合國維持和平行動」（PKO）的相關任務。[32]

此一「區域同盟」將被賦予何種任務呢？「九一一」事件後，美國戰略目標的焦點集中在應付流氓國家、全球恐怖主義和大規模殺傷性武器（WMD）等威脅上。[33]因此處理北韓威脅將成為美韓同盟的主要任務之一，亦即防堵北韓的攻擊，並針對北韓的大規模殺傷性武器進行防擴散和反擴散。只要北韓仍列名在美國國務院所提出的恐怖主義國家清單時，這將成為美韓同盟的常態型任務。而在區域層次方面，例如在亞太或全球區域上，美韓同盟也將從事有關打擊恐怖主義和防止大規模殺傷性武器擴散的合作。這將包括在美國所提出的「防擴散安全計畫」（Proliferfation Security Initiative, PSI）中所提及的阻攔任務（interdiction missions）在內。其他還可包括維持和平、非戰鬥人員撤離和災難援助等任務。

另一個可決定美韓區域同盟未來的重要因素則是中國。中國因素對美國亞太戰略的威脅甚巨。自從蘇聯瓦解和冷戰結束之後，美國就一直將中國視為是東亞新出現的威脅。[34]基本上布希政府對中國有兩種觀點。首先是將中國視為是主要的威脅或競爭者，其次則將

---

[32] Narushige Michishita, "Security Arrangements after Peace in Korea," in Masashi Nishihara, eds., *The Japan-U.S. Alliance: New Challenges for the 21st Century* (Tokyo: Japan Center for International Exchange, 2000) , p.48-49.

[33] 參見：White House, "The National Security Strategy of the United States, September 2002", Statement by President, 25 November 2003. White House.

[34] Seong Ryoul Cho, "The ROK-US Alliance and the Future of the US Forces in South Korea", *The Korean Journal of Defense Analysis* Vol. 14, No. 2 (2003), p.82-85.

中國視為是「大國協約」(concert of powers)中的伙伴關係。有關伙伴關係的觀點曾在 2002 年 9 月所公布的「白宮國家安全戰略報告」（White House National Security Strategy Report）有所說明。報告中強調，各強權間的合作和協約關係，是以達成反恐和防止大規模殺傷性武器擴散為共同目標。[35]至於競爭者的觀點則在 2001 年 9 月美國國防部所公布的「四年國防評估報告」(Quadrennial Defense Review, QDR）中表示，中國作為東亞地區的主要潛在競爭者，美國有必要對中國進行遏抑。[36]儘管在該份報告中並未明確指明中國，但卻指出亞洲地區「似乎逐漸出現區域相互影響的大規模軍事競爭狀態」，並因此認為「維持亞洲地區的穩定平衡將是一項複雜艱鉅的任務」。所謂"一個擁有龐大資源基礎的軍事競爭者"很明顯的就是暗指中國。[37]

美日同盟和駐日美軍都已基於此項戰略而對中國的軍事武力採取均勢和抑制作為。美日同盟的目標不只在於防衛日本，同時也在防衛遠東或亞洲，其中亦包括台灣海峽在內。至於冷戰期間的美韓同盟，它不僅只是針對北韓，也是針對中國和蘇聯所採取的均勢手段。而在後冷戰期間，美韓同盟同樣在東北亞地區扮演維持均勢的角色，不過駐韓美軍並不擔負朝鮮半島以外的任務。換言之，駐韓美軍的主要任務在於保衛南韓免於遭受北韓的威脅；然而一旦駐韓

---

[35] Snyder and Kim,"China-ROK-U.S. Relations and Regional Security in Northeast Asia,"op.cit. p.11.

[36] *U.S. Department of Defense, Quadrennial Defense Review Report*, 30 September 2001. 〈http://www.dod.mil/pubs/qdr2001.pdf〉

[37] Michael McDevitt, "The Quadrennial Defense Review and East Asia," *PacNet Newsletter*, 23 October 2001, Pacific Forum CSIS, <http://www.csis.org/pacfor/pac0143.htm>

美軍的任務被重新賦予「區域性武力」的意涵之後，駐韓美軍就可能轉型為一支受東北亞司令部所指揮的東北亞區域武力。[38]這樣的組織設計其實就是為了防堵中國，例如可在台灣海峽或南海部署軍力以遏制中國的挑釁行動。中國早在 1990 年代就已表示，如果在南韓的主導下實現了兩韓的統一，中國將反對駐韓美軍繼續留駐朝鮮半島，因為它可能向北部署在中國和北韓的邊界而對中國構成威脅。[39]但現在駐韓美軍卻可能轉而向南部署在鄰近台灣海峽，這將成為中國和美國之間的另一爭議問題。

中國問題的兩難：遏抑或接觸中國？

在有關美韓同盟的走向上，由於中國實力的轉變而使南韓陷入了進退兩難的處境。當面對中國這個具侵略性強權的崛起時，美韓兩國的同盟關係無異是提供了南韓一項安全上的防衛中國的保證。就某種意義而言，中國的確可能基於有限的擴張目的而威脅或使用

---

[38] 依據美國軍力評估報告的說法，美國國防部正計畫成立獨立於現有之太平洋司令部的東北亞司令部，以因應朝鮮半島所可能發生的衝突。評估報告指出，南韓、日本和台灣海峽都將隸屬於東北亞司令部的管轄範圍，而太平洋指揮部則專門負責美國本土的防衛任務。如果此計畫一旦成真，那麼隨著駐韓美軍改隸於美國東北亞司令部的直接管轄之下，則美軍在日韓的司令部可能面臨自動解散的命運。參見：Cho, “The ROK-US Alliance and the Future of the US Forces in South Korea,” op.cit., p.90；Michael Finnegan, “The Security Strategy of Unified Korea and the Security Relations of Northeast Asia,” *Korean Journal of Defense Analysis* , Vol. 11, No. 2(1999), p.147.

[39] Banning Garret and Bonnie Glaser, “China’s Pragmatic Posture toward the Korean Peninsula,” *Korean Journal of Defense Analysis* ,Vol. 9, No. 2 (1997), p.87.

武力，例如在 1990 年代初的南海問題和 1996 年的台海導彈危機等。[40]中國的短中程導彈部隊、海空軍不僅會影響台灣和日本，也對南韓的安全利益構成威脅。而從傳統地緣政治的角度而言，美國也有必要抑制中國的崛起，並維持東北亞和朝鮮半島的權力平衡。[41]

另一方面，南韓卻也謹慎地保持不過份敵視中國的態度，特別是當她考量與中國之間經濟關係的持續擴張，以及中國對北韓的影響力後更是如此。因此，南韓當然不願介入例如台灣海峽和南海的衝突。最明顯的例證就是當 1996 年台海爆發衝突時，南韓立刻宣布她與美國之間的雙邊防禦條約並不涵蓋台海的危機。[42]不過一旦駐韓美軍的角色被區域化後，南韓就必須釐清當發生類似危機時，南韓願意介入的程度。[43]

---

40 Michishita, “Security Arrangements after Peace in Korea,” op.cit., p.50-51.

41 南韓總統金大中曾表示，美國在南韓和日本兩國的駐軍有助於東北亞和朝鮮半島的權力平衡的維持，參見：*Korea Times*, 17 March 1998。依據 1999 年 2 月的一份民調顯示，有 52.8%的南韓民眾相信美韓聯盟的目標之一是為了抑制中國軍事力量的增長。*Wolgang Choongang(Seoul)* April 1999 cited in Michishita, “Security Arrangements after Peace in Korea,” op.cit., p.64.

42 Ted Galen Carpenter, “Managing a Great Power Relationship: The United States, China and East Asian Security,” *The Journal of Strategic Studies*, Vol. 21, No. 1(1998), p.13, cited in Michishita, “Security Arrangements after Peace in Korea,” op.cit., p.64.

43 南韓學者指出，有關美韓聯盟的合作範圍（例如在海軍上的合作範圍）有加以釐清的必要。例如可將合作的範圍限制在東北亞地區，而不得向東南亞地區擴張，參見：Kim Sung-han, “Anti-American Sentiment and the ROK-US Alliance,” *Korean Journal of Defense Analysis* , Vol. 15, No. 2 (2003), p.125-126.

因此最符合美韓兩國利益的作法不是試圖防堵中國，而應是與中國展開接觸。[44]與中國的接觸將可增進雙方的諒解與合作關係，進而減少挑釁行為或避免產生過度威脅認知的情形。

有鑑於此，學者乃提倡應在美韓同盟和中國之間應建立類似「北約—俄羅斯常設聯合理事會」(NATO-Russia Permanent Joint Council)之類的「諮商和合作性聯繫關係」(consultative and cooperative security link)。北約和俄羅斯之間所建立的聯繫關係主要是為了處理因北約擴張所引起的俄羅斯反對的問題。透過這樣的聯繫關係，不但俄羅斯和北約之間的透明度和信心建立措施能夠有所進展，俄羅斯建設性參與歐洲安全體系的作為也獲得了各國的讚賞。[45]亞太地區的同盟關係也可透過同樣的方式與中國進行接觸，並鼓勵在體系內的建設性參與。

有關安全對話和信心建立措施也可透過區域多邊架構，例如「東協區域論壇」(ARF)和南韓於 1994 年倡議的「東北亞安全對話」(NEASED)或「亞太安全合作理事會」(CSCAP)的第二軌來推動。[46]透過這些措施將可增進本區的穩定，進而符合同盟的利益。

---

44 Michishita, “Security Arrangements after Peace in Korea,” op.cit., p.58-59.這樣的思維可以 1998 年美國國防部東亞戰略報告中所倡議的與中國進行"廣泛接觸"的內容爲代表，參見：*The United States Security Strategy for the East Asia-Pacific Region 1998.* 〈http://www.dod.mil/pubs/easr98〉

45 Michishita, “Security Arrangements after Peace in Korea,” op.cit., p.59-60.

46 在一份日本國際關係論壇的報告中建議，各國在台灣和中國所參與的多邊架構中應盡量讓中國認知到台海問題是一個攸關國際利益的重大問題，參見：*Building a System of Security and Cooperation in East Asia*, The Japan Forum on

結論

中國因素對朝鮮半島和東北亞的安全帶來了機會與挑戰。一方面，中國在解決北韓核武危機和召開「六邊會談」上扮演了積極的角色，藉此為朝鮮半島和東北亞的安全創造了更為穩定、安全和合作的秩序。另一方面，中國也對美韓同盟的未來和東亞安全帶來了挑戰。我們應如何面對中國呢？究竟是應將中國視為合作伙伴，或者將中國當作可能的威脅？

為了建構一個更為安全和穩定的朝鮮半島和東亞秩序，我們應選擇和中國接觸以增進彼此合作的策略；與此同時則盡量降低中國可能對未來帶來的威脅，例如在台灣海峽。換言之，即針對中國的行為進行一定的制約。

有鑑於此，有關朝鮮半島的問題，本文提出以下幾點建議。第一，「六邊會談」提供了和平解決北韓核武問題和進一步建立朝鮮半島穩定和平機制的契機。透過「六邊會談」所達成的"全面性解決方案"可能成為在朝鮮半島和東北亞建構「赫爾辛基模式」(Helsinki-type)的關鍵因素。正如季辛吉所言，「六邊會談」的最終目標在於找出能夠將改革中的北韓納入國際體系的方式。[47]

可以預見的是，「六邊會談」的過程必然是充滿困難。即使是北韓不願參加會談，但重要的是此一對談管道仍應繼續存在，其他的五方代表還是可針對全面性解決方案進行討論。六邊（或五邊）

International Relations(JFIR), 22nd Policy Recommendations of the JFIR Policy Council (December 2002),p.13.〈http://jfir.or.jp〉

[47] Kissinger, “The Six-Power Route to Resolution,” op.cit.

會談可作為討論政策，以及與其他政策協調機制，例如「美日韓三邊協調監督小組」(U.S.-Japan-R.O.K. Trilateral Coordination and Oversight Group , TCOG)、「東協加三」(ASEAN＋3)等雙邊、三邊、四邊機制建立聯繫關係的多邊論壇。[48]此外，「東協區域論壇」和「朝鮮半島能源組織」(Korea Energy Development Organization, KEDO)也可和「六邊會談」的進程建立互動關係。已暫停替北韓興建反應爐的「朝鮮半島能源組織」仍可扮演履行能源合作的機制。而依據「六邊會談」所成立的「東北亞理事會」(Northeast Asia Council)或許正好可以成為協調和履行朝鮮半島全面和平計畫的機制。上述這些進程中國都扮演了重要的角色，因此各國必須和中國保持接觸的關係。

其次，當美韓同盟擴大成為區域同盟關係時，中國的因素就顯得更加重要。美韓兩國必須針對如何因應中國這個潛在的區域霸權，或正崛起中的政治、經濟和軍事強權進行評估。美國或許可透過同盟諮商會議來討論此一問題。

對美韓同盟而言，中國是一個具相當爭議性的問題。如果美韓同盟繼續運作的話，它就必須轉型為區域性同盟。美韓同盟應加強和提昇與美日同盟和美澳同盟的關係，藉此成為亞太聯盟網絡的一部份，進而共同分擔維持亞太地區穩定和經濟繁榮的責任。依據1953年「美韓雙方防禦條約」(U.S.-R.O.K. Mutual Defense Treaty)的規定，美韓同盟的目標如下：

---

48 日本國際關係論壇報告建議，透過增加「戰略聚焦」（strategic convergence）或各種多邊機制的協調來解決北韓的問題，參見：*Building a System of Security and Cooperation in East Asia*, op.cit., p.12.

「在亞太地區尚未建立全面而有效的區域安全體系之前，希望進一步加強集體安全的作為以維護本區的和平與安全。」[49]

在「更全面有效的亞太區域安全體系」尚未建立的此時，美韓同盟則為達成此一目標邁入了一個新的階段；而因應中國的崛起正是美韓同盟努力的目標之一。

由於中國可能選擇繼續增加軍備，或透過威脅或使用武力來採取單邊和挑釁的作為，因此有關中國問題的處理就必須採取更務實的作法。為了要讓中國成為一個建設性的強權，有必要同時採取遏抑和接觸中國的作法。亞太地區的同盟和中國之間應透過各種不同的管道、信任建立和合作來盡可能建立類似北約和俄羅斯的諮商和合作關係。美國太平洋司令部所採取的各種合作性接觸的作為，例如舉行聯合演習，就是可行的辦法。亞太和東北亞地區最終則應以建立「安全共同體」，換言之，威脅或使用武力不再是共同體內國家考量的行動選項為最後的發展目標。

[49] Mutual Defense Treaty between the Republic of Korea and the United States of America, 1 October 1953.

中國崛起之再省思

吳釗燮—
中國的崛起與兩岸關係：台灣觀點

June Teufel Dreyer（金德芳）—
美中關係的演變與強化美台關係

Tomoyuki Kojima(小島朋之)—
中國崛起之再省思：
日本對未來東亞中國因素的認知

中國的崛起與兩岸關係：台灣觀點

吳釗燮

對台灣而言，一個崛起中的中國大陸，不僅僅是一個學術上討論的議題而已，它更是台灣政府必須審慎處理的重大問題。民進黨的中國政策可以歸納為以下兩項原則：首先，民進黨堅持在台灣的中華民國主權獨立的立場，除非是經過人民同意的民主程序，否則台灣的主權不容改變。其次，民進黨也願意採取開放政策而與中國在其他領域進行合作。第一項原則是為了確保台灣不致落入成為中國地方政府的陷阱；第二項原則是為了避免兩岸關係的持續對峙。

第一項原則

自陳水扁總統於 2000 年就任總統以來，兩岸關係始終處於起伏不定的狀態。整體而言，儘管這段時間內兩岸經常出現言辭上的爭鋒相對，但終究沒有發生類似 1995～1996 年或 1999 年危機的情況。這和陳總統在就職演說中所提出的四不一沒有的政策有關。四不一沒有政策對外宣示，只要中國不武力犯台，陳水扁總統在其任期內將不會從事包括宣布台灣獨立和更改國號等五項可能危及兩岸關係的行動。此一政策贏得了所有關心兩岸情勢人士的好評。

眾所周知，民進黨於 1999 年 5 月通過了"台灣前途決議文"。文中承認台灣已經是一個獨立的國家，而它的國號就叫作中華民國。任何有關台灣現狀的改變都必須透過公民投票經由全體台灣人民批准同意。決議文中承認了兩岸現狀的事實，因此民進黨也成為了支持現狀的政黨。2001 年該決議文又被提升至等同於民進黨黨綱的層次，因此也就等於廢除了原先黨綱中被稱為「台獨黨綱」的部分。此後決議文一直是民進黨和陳水扁政府在處理台灣大陸最高指導原則。由於民進黨政府已對兩岸現狀採取了肯認的態度，因此就台灣這方面而言，兩岸發生戰爭的可能性已大幅降低。

民進黨採取此一原則的目的相當明顯。長久以來中國一向都要求台灣接受一個中國原則，並在 2000 年「有關一個中國原則和台灣問題」的白皮書中，明確地將台灣界定為中國的地方政府。但這對任何台灣的政治領袖而言都是無法接受的。倘若台灣接受了這樣的要求，則無論其目的為何，台灣的地位都將無疑地被香港化，並將引起區域情勢的不安。

第二項原則

除了堅持台灣的主權之外，民進黨政府也開始為兩岸的重啟對話鋪路。在這方面 2001 年召開的「全國經濟發展會議」中所得出的若干結論就顯得相當重要。

「經發會」最重要的結論之一，就是建議政府應為兩岸直航作準備。因此在經發會結束之後，民進黨政府立刻針對如何維持國家安全和兩岸經貿之間的平衡進行了廣泛和深入的研究。此項研究業已完成，但有部分的內容仍未公開。未來有關兩岸直航的方式都將依此項研究的建議進行。

「經發會」的另一項重要結論則是「戒急用忍」的政策應予放寬，民進黨政府最後接受了這樣的建議，並代之以「積極開放」和「有效管理」政策。在此新政策之下，台商將可更自由地對大陸進行投資。依據2003年的統計數據顯示，台灣對大陸的投資仍繼續大幅增加。有鑒於台灣對大陸投資可能會危及台灣的國家安全，因此政府當然應針對大陸投資設立某種管理機制，部分的監督過程將由來自不同部門的專家所組成的委員會負責。

兩岸於2002年初「入世」也對兩岸關係帶來重要的影響。在「世貿組織」中台灣和大陸應可針對經貿議題展開互動，進而使雙方互蒙其利。民進黨政府和世界上所有關切兩岸關係的人士，一致希望中國能充分利用此一世界性的經濟論壇展開兩岸間的互動。

此外，2003年初「陸委會」也已針對「兩岸關係條例」進行全面的修正，並送交「立法院」審議通過。此條例的修正將使兩岸的互動更為彈性和廣泛。值得注意的是，最近「陸委會」所提出有關兩岸貨運便捷化和春節包機直航的改進方案，都是直接基於此法修正的結果。除了上述制度上的變革外，另外包括小三通、旅遊、採訪、台商子女教育協助和跨國公司雇用大陸專業人士等項目，也都以個案批准的方式推動，藉此促使台灣對大陸更加開放。

正如以上所言，民進黨政府在不影響整體東亞區域穩定的前提下推展其大陸政策。或許有人會認為政府對大陸的政治妥協太過緩慢，但或許也有人會認為政府對大陸開放的速度太快。在野人士是可以很輕易地就對政府的政策放砲。但只要中國仍堅持一個中國原則，並將台灣視為是中國的一部份作為任何官方或半官方互動的前提的話，那麼台灣作任何決策時都應謹慎為之。.

中國的回應：冷漠以對

中國對台灣開放政策的反應，總歸而言就是採取冷漠以對的態度。自陳水扁當選總統之後，中國對台就是採取靜觀其變的政策。中國認為陳水扁執政的時間不會太長，而且即便陳繼續執政，他也會受制於「立法院」在野黨的強力杯葛。中國同時認為，她可以直接越過陳水扁而與反對黨直接接觸，事實上自 2000 年 5 月之後，反對黨人士前赴大陸的絡繹於途。

自陳水扁於就職演說時建議兩岸針對「未來一中」的問題進行談判時，中國就已對台採取了靜觀其變的政策。之後當陳又提出有關未來政治統合架構的建議時，中國亦對此方案橫加批評。當台灣方面實施「小三通」政策時，中國則譴責陳水扁阻礙了大三通的談判。台灣方面亦曾建議透過現有的「海基會」—「海協會」的管道針對兩岸任何議題進行談判，但大陸卻要求台灣在談判之前必須先接受大陸的一個中國原則。

而更令台灣人民不滿的則是這段期間內中國針對台灣的外交打壓。中國不但強迫若干非政府的國際組織更改台灣原本的參與地位，並迫使若干國政府取消原先與台灣定期進行的官方交流（無論公開或私下）。中國要求他們嚴格遵守由中國所闡釋的一個中國原則。中國外長甚至發函給美國參議員，要求他們在 2003 年初陳總統過境紐約期間不要給予接待。2002 年 7 月台灣與諾魯斷交可說是中國不斷對台外交打壓的極致。中國不但花了一億三千七百萬美元收買了台灣的邦交國諾魯，更刻意選在陳水扁就任民進黨主席之日宣布與台灣斷交。

另一個明顯的外交打壓事件則發生在 2003 年 5 月的 SARS 期間。中國副總理吳儀公開向國際社會說謊。為了阻止「世界衛生組織」對台灣進行援助，吳儀竟然謊稱中國已對台灣提供必要的衛生需求。對台灣人民而言，中國在「世衛組織」的作為是一次令台灣人民難以忘懷的傷痛經驗。

台灣議題或中國問題？

在布希政府上台之初，中國經濟和軍事力量的增長被美國視為是一項可能的威脅。但由於美國在中東和北韓的問題上都亟需中國的協助，因此美國對中國改採較為友好的態度。事實上許多國際議題都需要國際合作。無論任何國家，只要有助於國際衝突的解決，就都應義無反顧地參與解決的過程。因此中國此次參與中東和北韓問題的解決，只不過是她實踐國際責任而對國際和平進程做出積極貢獻的表現而已。此時此刻，即將到來的台灣總統大選也已成為另一項國際關注的問題。即使台灣的政治發展受到全世界民主國家的讚揚，並被一致公認為是民主的奇蹟和區域威權國家的燈塔，但中國對台灣的敵意和干預台灣總統大選的意圖卻日益嚴重。過去幾個星期中國官方和宣傳機器已對台灣透過公民投票和制訂新憲來鞏固民主的過程大加韃伐。

儘管在中國的威脅下，但自 1949 年以來台灣就獨立於中國的事實卻不容否認。現在的台灣已擁有民選的總統、民選的國會、獨立的司法、軍隊和金融體系。台灣的政府也獨立和排他地在其控制的領域內行使管轄權。中國宣稱對台擁有主權，並將台灣問題視為是其國內問題的作法並不正確。即便台灣真如中國所言正在邁向台獨，但這也不能成為中國對台威脅動武的理由。中國應嘗試理解台灣民主的過程，並問問自己台灣人民為何不願接受與大陸統一。

對台灣人民而言，中國在1996年台灣總統大選期間舉行導彈演習的事件仍歷歷在目。儘管導彈演習造成了台灣選舉結果與中國的希望相左，但中國仍未從中得到多少教訓，中國仍不斷地對台灣進行過份且不必要的威脅。

基於總統府官員的立場，本人想藉此機會針對台灣公民投票和新憲法的意義作一簡單的說明。事實上，台灣的「立法院」一向都被視為是台灣政治的亂源，而陳水扁總統舉辦的公投其實就是為了彌補台灣代議制度的效率不彰。陳總統希望透過公民投票權利的賦予，讓人民能針對例如核四和國會改革等具爭議性的問題直接表達他們的意見。因此任何人都不能站在中國的立場而認為台灣透過公民投票深化民主的作為將成為中國犯台的理由。

台灣的公民投票法已於2003年11月27日經「立法院」通過。這是台灣民主化的另一個轉捩點。在台灣公民投票是一項長久以來的禁忌，而現在此項制度已受到法律的合法保障。此後台灣人民將有權針對議題表達意見。然而，由於反對黨的阻撓卻使公投法的提案過程備極艱辛。公投法第十七條所謂的防衛性公投條款授權總統可以針對「國家安全事項」發動公投。有鑒於中國對台部署了數百枚的導彈，作為台灣最高領導人的陳總統，當然有責任引用公投法第十七條的規定來向國內和國際社會表達立場。由於中國的威脅才為第一次的防禦性公投催生，因此只要中國不再威脅台灣，台灣也就沒有發動公投的必要。

台灣目前的憲法是依據孫中山先生三民主義的理論制訂，並於1947 年在大陸頒佈而適用全中國。但這套憲法在有關建構政府的原則上卻並未採符合民主理論的分權制衡或議會制的制度設計，而是採取了包括總統、國民大會在內的五院制。從任何角度而言，這樣的制度都是窒礙難行的。另外，長久以來被視為是台灣政治亂源的立法院也必須透過制訂新的憲法才能針對立委的選舉制度和過於膨脹的立委人數進行改革。

自從台灣的民主化伊始，台灣人民就一直為如何修憲的問題爭執不休。依據目前的修憲程序，修憲必須經過立法院和國民大會透過四分之三的絕對多數才能通過。倘若按照這樣的修憲程序，修憲幾乎是不可能的任務。總之，台灣的國會和其他國家的國會是大相逕庭的。這也就是為什麼許多人主張必須透過公民投票制訂新憲法的原因。

公投制憲其實是一種人民主權的展現，這和其他民主國家所發生的並無二致。因此公投制憲是純粹民主政治的活動，而且也應被這樣理解才對。在這裡必須再次強調，台灣致力追求完美民主的過程不應被作為是中國攻擊的藉口。因此台灣或許是個受到關切的議題，但中國才是真正的問題所在。

結論：有關中國崛起的兩項關切

世界上沒有任何一個國家有台灣這樣的民主化經驗，當台灣處於威權時期，台灣人被政府宣傳機器教導應該愛中國和以中國的方式思考。這在中國於 1972 年被國際承認之前是頗令中國不安的。但在台灣開始民主化之後，整個情勢為之改觀。儘管台灣的經濟和民主有了很大的發展，但台灣卻逐漸被排拒在國際社會之外，而且必須面對來自中國的威脅。特別是當中國的經濟快速成長之後，台灣參與國際社會之路似乎將更為命運多舛。中國經濟力量的增加也就象徵其軍事和其他事務上國際影響力的增加。如果中國能善用這樣的權力和影響力，這將是全世界之福；反之則將為世界帶來災難。

對台灣人民而言，中國經濟的崛起對某些人而言是個機會；但中國的權力若被誤用卻絕非世界之福。目前最令人關切的問題是，世界上從來都沒有一個經濟體的成長是永不中斷的，許多人認為中國大陸快速的經濟成長掩蓋了經濟問題。如果中國大陸的經濟開始停滯，而且經濟問題亦開始浮現之後，大陸會產生什麼樣的變化？而台灣作為與中國在經濟上互動密切的國家，又能提供哪些幫助呢？

另一項值得關切的問題則是中國大陸必然發生的政治變革的問題，中國絕對不可能永遠統治中國。政治變革或將在不久之後發生，當中國大陸開始進行政治變革之際，這對外面的世界將是一項挑戰。儘管我們對於中國的民主化都樂觀其成，但也應密切關注中國民主化後所可能產生的陣痛。如果中國大陸無法承受這樣的陣痛時，其他的國家都應準備適時地提供援手。作為一個和中國大陸如此緊鄰的國家，台灣更應嚴肅地看待此一問題。

美中關係的演變與強化美台關係

June Teufel Dreyer（金德芳）

就某方面而言，美中台三邊關係正處於一個極佳狀態。在經濟上三邊都呈現了強勁的經濟成長，彼此的貿易關係也正持續加強。過去幾年內兩岸間沒有發生任何必須由美國主動干預的危機。北京對台灣也僅止於言辭上的恫嚇，而沒有採取侵略性的軍事行動。此外，台灣對中國大陸的投資也在持續增加。2001 年中國大陸已成為台灣第三大的貿易伙伴，而台灣亦成為大陸第五大的外資來源。[1]目前已有數十萬台灣人移居大陸，同時也有數萬的大陸婦女因與台灣人通婚而移居台灣，而等待居留許可的人數更接近此數的兩倍之多。[2]

而在另一方面，美中台三邊關係也有惡兆出現。有鑒於大陸所擁有的龐大人口和土地，這使台灣的經濟蒙上了一層陰影。統計資料顯示，2002 年台灣的出口共有接近 32%是出口至大陸和香港。[3]在北京政府一再重申不放棄武力解決台灣問題的情況下，台灣對大陸經濟依賴的程度令人憂心。此外，北京正透過拒簽合約或查帳等方式，迫使台商接受北京對一個中國政策的定義，以此作為交換在大陸經商的代價。自 2004 年開始，只要是設籍在大陸的台灣人都有資

---

[1] *Taiwan Yearbook 2003*,
〈http://www.roc-taiwan.org/taiwan/5-gp/yearbook/chpt09.htm〉

[2] Fiona Lu, "TSU Puts Brakes On Cross-Strait Legal Amendments," *Taipei Times*, 1 October 2003 .

[3] 〈http://www.mac.gov.tw/english/english/foreign/20.gif.〉

格申請大陸的身份證，中國此舉暗示台灣是中國的一部份。[4]中國一直都在逐步取得對大陸台商協會的控制權。每個台商協會都至少有一位國台辦的官員擔任協會的副會長，並對協會的運作進行監督[5]。此外，台商子女在大陸所念的教科書也必須經過中國的檢查，藉此確保內容符合北京政府所闡釋的歷史觀。許多住在台灣的大陸籍配偶也在台組成遊說團體，並教育他們的下一代台灣是中國一部份，以及統一是中國神聖使命的概念。這些都對台灣未來的安全構成影響。

而在美國和中國的關係上，儘管官方宣稱目前兩國關係良好，但某種程度的緊張依然存在。北京對於美國利用後「九一一」的反恐戰爭來擴張其全球霸權的情勢表示關切；華府則對每年對大陸的大量貿易赤字、中國違反對世貿組織的承諾，以及大陸的人權等問題等感到憂心。儘管如此，在有關反恐和北韓核擴散的問題上，美國的確需要中國的協助。北京政府強調台灣問題是阻礙美中關係發展的主要問題。由於美國是台灣最主要的保護者，因此如何取得在確保台灣兩千三百萬人民的權利和美國必須與中國妥協兩者間的平衡，就成為了台灣生存的關鍵問題。以下作者將提出若干建議以供參考。

---

[4] Roger Liu, "Taiwanese Based in China Facing Loss of Citizenship," *Taipei Times*, 29 July 2003, p.1.

[5] Unsigned editorial, "China Weaves Its Insidious Web," *Taipei Times*, 23 September 2003, p. 8.

體認美台雙方的政策目標並不一致

對台灣政府而言，最低的要求是要維持台灣的主權和獨立。但對美國而言，不論是哪一黨政府都一樣，最大的目標則是維持亞太地區的穩定，也就是中國所稱的不獨、不統、不戰的政策。簡言之就是維持目前的政治現況。但對台灣和中國而言，雙方對於目前的現狀都不滿意：台灣希望自中國獨立出去，而中國則希望能夠盡快統一。因此雙方都希望打破目前的這種平衡狀態，也因此增加了衝突升高和發生戰爭的可能性。

因此當任何可能破壞兩岸平衡的改變出現時，都會引起美國負面反應。例如當 2003 年 11 月台灣的「陸委會」主委蔡英文前往美國訪問時，據說遭到了美方針對公投和制訂新憲的問題的強烈的質疑。在一場由「卡內基國際和平基金會」(Carnegie Endowment for International Peace)和「約翰霍普金斯高等國際研究院」(Johns Hopkins School of Advanced International Studies)所聯合主辦的閉門會議中，與會人士直指台灣的魯莽行動已迫使美國必須更加介入台灣問題，甚至因此將導致美國人民的犧牲。依據引述與會者對蔡主委提出了以下的問題：

- 您到底知不知道你們正在作什麼？你們的作法似乎是在玩火！
- 看！你們真是在挑戰我們（美國）的極限，我們現在左支右絀了！您知道你們給我們帶來了多大的麻煩嗎？[6]

---

[6] Quoted by Charles Snyder, "Tsai Ing-wen Gets Chilly Reception in US," *Taipei Times*, 15 November 2003, p.3.

蔡主委則試著向批評者保證，台灣政府不會這樣的愚蠢，而且也沒有意圖採取任何的挑釁行動。

美國必須體認對台灣若不採取挑釁的行動就等於徹底向中國投降

針對中國打壓台灣國際生存空間，以及單方面決定台灣的何種行為是挑釁行為的作法，美國採取了默許的態度。儘管北京方面從未公開宣佈所謂的紅線究竟為何，也並未針對所有具台獨意涵的制度或政策性變革都加以譴責，但美國方面卻仍極力勸阻台灣不可跨越所謂的紅線。

這樣的態度導致華府的對台政策充滿了不理性與矛盾，一方面台灣在經濟和民主轉型上的成就受到了美國的稱許；但另一方面，美國對台灣制訂新憲所可能引發對中國的刺激卻又深表憂慮。而在有關公投的議題上，美國的態度亦復如此。

特別是在有關對台軍售方面，美國的作法更是充滿了危險與矛盾。依據某家香港權威雜誌在 2001 年 1 月的報導指出，中國對於美台軍售的政策已有所轉變，目前北京已不再對所有的對台軍售項目均持反對的態度，而只針對某些解放軍仍難以匹敵的特殊軍售加以反對。因此，中國強烈反對美國對台出售神盾級驅逐艦，但卻默許美國出售紀德級驅逐艦。[7]依據「台灣關係法」，美國應提供台灣必

[7] 參見： “Intelligence: China Won’t Block Kidds for Taiwan,” *Far Eastern Economic Review* (Hong Kong), 25 January 2001, p. 10.；John Young, “Peace Imperiled if Taiwan Acquires Aegis System,” *South China Morning Post* (Hong Kong), 26 March 2001.

要的防衛性武器以維持台海均勢，但華府卻讓中國來決定美國究竟應出售何種武器給台灣，其邏輯上的荒謬性不言可喻。

美國不願跨越紅線的態度可從布希政府同意出售台灣的武器清單中略窺一二。根據一封某位美國參議員幕僚和國防部官員之間私人電子郵件的說法，在台灣的所要求包括神盾級軍艦、潛艦、「高速反輻射導彈」(HARM)、「聯合直接攻擊炸彈」(JDAM)和「反艦魚叉飛彈」(Harpoon missile)等五項具政治敏感性的軍售項目中，布希政府只同意出售柴電型潛艦，而對其他四項要求卻視而不見。即便是唯一同意出售的柴電型潛艦，卻又因美國已不再建造該型潛艦而必須再取決於第三國的批准。信中認為美方之所以拒絕出售這些武器的原因，在於這些武器可用來攻擊中國大陸的目標，或者至少能攻擊在 F-16 戰機或台灣其他武器系統攻擊範圍內的大陸目標。事實上布希政府不但延續了前任柯林頓政府的政策，並且建構了另外一條布希政府不願跨過的紅線。這批潛艦甚至只能發射魚雷，而不具備發射巡弋飛彈對陸攻擊的能力。[8]儘管武器清單已公布了三年之久，但台美雙方卻仍未針對潛艦的建造達成協議。而且即便雙方達成了協議，但距潛艦的實際交艦時間也將會是十年之後的事了。

有關紅線的問題一直困擾著美國的對台政策。所謂的紅線是指一旦越過此線將可能立即引起中國的軍事反應。據一位退休的美國外交官表示，我們很難替中國的所謂紅線找到一個明確的判斷標準；而且美國對紅線的認知也一直不夠準確。因此當可能的紅線被跨過之後，這條原本被認定的紅線反而隨之消失。例如，1990 年初當台灣行政院長郝柏村被免職之後，美方的分析家認為紅線可能被

---

[8] 此爲一封 2004 年 4 月 24 日的私人電子郵件。

跨過了。儘管郝柏村具有強烈的反共背景，但他也同時公開表達了支持中國統一與絕對不為台獨而戰的立場。郝的繼任者為台灣籍的連戰，這是首次台灣的總統和閣揆均由台籍人士擔任。不過北京對於郝去職的反應卻相當冷淡。[9]

其後有關台灣的總統直接民選，由於涉及到必須修改 1947 年的中華民國憲法，因此也被認為可能跨越了紅線。然而實際上卻仍未引起中國強烈反應。另一條可能的紅線則是台灣的廢省事件。有人認為廢省象徵了台灣邁向台獨的一個重要步驟，因此可能跨越了紅線。但中國對此還是沒有反應。2003 年公投法的立法投票也可能觸犯中國的紅線。在立法院投票之前，中國「國台辦」副主任王在希表示，「如果台灣當局公開從事支持台獨活動，並挑戰中國的一個中國政策的話，大陸將無可避免地使用武力。」[10]但在投票之後，中國又再一次放寬了紅線的範圍。[11]

另一方面，中國對台的挑釁行動也可能引起反作用。例如在 1996 年總統大選時中國對台的文攻武嚇，反而讓李登輝因此而獲得大勝。2000 年總統大選中國對選擇陳水扁的口頭威脅也讓陳水扁當選了總統。

---

[9] Natale Bellocchi, “Red Lines In the Sand, In the Strait,” *Taipei Times*, 4 July 2003, p. 8.

[10] Ray Cheung, “The Threat of Force Triumphs Over Finesse,” *South China Morning Post*, 20 November 2003; Philip P. Pan, “China Warns Taiwan Against Pursuing Independence: China Says Permitting Vote Would Lead to a ‘Strong Reaction’,” *Washington Pos*t, 26 November 2003.

[11] Keith Bradsher, “Beijing Softens Its Tone Against New Legislation in Taiwan,” *NewYork Times*, 29 November 2003.

其實當無法確知紅線究竟在哪時，最聰明的作法就是不斷地在紅線邊緣進行試探。但就中國的立場而言，保持對台灣一定程度的好戰性（belligerence）是嚇阻台獨的最佳方式。因此針對台灣任何可能與統獨有關的改變，無論其動機為何，必然都會引來中國的一陣叫罵。其實台灣的大部分作為都只是為了增加政府效率而作的程序性改變，只不過這些改變確實很難和台獨作截然的劃分。北京之所以要維持對台灣一定程度的好戰性，似乎是為了不讓台灣在未經北京同意前有任何的輕舉妄動，從而讓台灣逐漸產生對北京的依從感。事實上中國在壓制國內人民的意見時也是採取了類似的作法。[12] 於此同時，中國一方面批評台灣從事漸進式台獨，一方面卻又極力打壓台灣的國際生存空間。因此當台灣為了維護其生存權利而採取某些作為的時候，美國不應一昧地認為台灣是個麻煩製造者，而是應對北京的作法加以譴責。

美國應瞭解台灣人民有關切軍售決策過程的合法權利

當作者於 1999 年 4 月訪問台灣之時，驚訝地發現民進黨領袖竟然認為美國正試圖強迫台灣參加「全國導彈防禦體系」(NMD)，藉此讓台灣分擔發展「全國導彈防禦體系」的昂貴費用。對此美國國防部的官員明白地予以否認，並認為是美國的承包商誤導了民進黨。2003 年某位民進黨的立委抱怨，購買武器的龐大支出已造成台

---

[12] 普林斯頓大學教授 Perry Link 將中共的這種行爲模式稱之爲「吊燈上的巨蟒」（the anaconda in the chandelier）現象。例如對大陸的異議份子而言，就算中共並未採取動作，他們還是感受的到被政府上層所監控。這情形就好像是有一隻盤繞在吊燈上的巨蟒，儘管這隻大蛇很少會有動靜，但在燈下的人都知道它隨時都有可能攻擊人，因此盡量避免在言辭和行動上去挑釁它。中共對台政策就是採取同樣一套行爲模式。

灣國庫的耗竭。[13]其後台灣國防部長湯耀明更拒絕了美國的邀訪，並表示係基於避免再發生 2001 年初訪問美國被軍火商騷擾的事情。[14]

2002 年 1 月當本人與台灣軍方於台北進行會談時，與會者曾抱怨柯林頓政府出售給台灣的雷達系統不但極易被大陸摧毀，而且其性能老舊又價格昂貴。小布希政府在 2001 年 4 月同意出售台灣的 P-3 獵戶座反潛偵察機，卻又出現生產線早已停擺，但若要重開生產線則又因成本過高而不切實際的情況。此外，美國國防專家更指出，P-3 反潛機如果沒有優異的艦隊空防能力搭配的話，極易成為解放軍的標靶，而此一空防能力又非得仰賴神盾艦不為功。而在柴電型潛艦的交易上，也因為美國本身不再生產此型潛艦，導致台灣採購成本勢必大幅增加。

有鑒於此，倘若今後台灣軍方和立法院能夠在軍備採購清單公布前就先加強與美國對口單位的事前諮商，雙方分別針對台灣的國防需求和美國在政治上所能接受的範圍達成共識的話，或許就能避免類似尷尬情況的再次發生。

相反地，台灣應瞭解美國亦有權對台灣的自衛決心提出關切

儘管台灣政治領袖對中國採取了強硬的立場，但美國更關切的卻是台灣人民對於本身國防的強化似乎漠不關心。近年來台灣無論是在武器採購和軍隊的人數上都呈現下滑的走勢。而且由於台灣服役時間的縮短，我們很難期待這些義務役軍人能夠熟練地操作日益

[13] Trong Chai, “Our Nation’s Been Picked Clean By Arms Dealers,” *Taipei Times*, 4 July 2003, p. 8.

[14] Brian Hsu, “Tang Rejects Invite To Visit the U.S.” *Taipei Times*, 10 July 2003, p. 3.

複雜的高科技武器。當美方的情報官員就此問題向台灣軍方高層報告時，所得的反映卻相當冷淡。

台灣軍方不同軍種之間對於軍事預算的爭奪似乎比與解放軍對抗更為熱中。儘管台灣的防衛是應以海空軍為重，但台灣陸軍的影響力仍不容小覷。由於軍備需求已成為各軍種爭奪的戰利品，因此武器象徵性的價值要遠大對於它對台灣安全所可能發揮的作用。

台灣軍方正在進行組織再造，試圖將軍隊改置於文人的掌控之下。不過進程相當緩慢。此外，台灣軍官的忠誠度也令人憂心，若干軍官對中華民國或國民黨並不認同，因此他們不願為中華民國而戰。儘管這是一個過渡時期所造成的問題，但此問題在短期之內恐怕仍會繼續存在。另外也有若干台灣退休的高層情治人員在大陸定居，這引起了華府對於這些人忠誠度的懷疑。美國的國防專家相信的確有共諜在台灣軍方潛伏，因此憂慮美國移轉給台灣的某些關鍵技術最後可能會流入大陸手中。最後，美國也注意到了台灣內部支持統一的勢力。一旦這批主張台灣與大陸在經濟上快速整合的人士掌權，並同意了與中國自動統一的話，這對美國而言將會是相當棘手的難題。[15]

這些問題都不容易解決。首先，任何國家的官方機構都會有抗拒改革和追求組織利益的傾向。其次，做為一個民主國家，台灣很難阻止其人民赴國外旅遊或定居，即便是針對前高層情治人員也一樣。第三，一旦台灣的經濟情況轉好，民間工作的待遇條件必然要較軍職為高，則從軍對年輕人而言將不再有吸引力。最後在有關間

---

[15] 有關此議題的討論，參見：Brian Hsu, “Fears of Unification May Hurt Arms Sales,” *Taipei Times*, 5 February 2001, p.1.

諜的問題上，即使是美國也無法免於中國間諜的滲透。例如 1999 年的「考克斯報告」(Cox Committee Report)就是一例。即便如此，台灣政府還是必須對外宣示其解決上述問題的決心，而不可能完全依賴美國來防衛台灣。

美國在選擇對台傳達訊息時的措辭上應更加審慎

自 1972 年簽署「上海公報」以來，美中台三方在外交詞彙的運用上都展現了相當的精緻性。美國審慎地在上海公報的聲明中強調，「臺灣海峽兩邊的所有中國人都認為只有一個中國，臺灣是中國的一部分」；「美國政府對這一立場不提出異議」，但這並不等於美國接受或同意這樣的立場。同樣地，儘管美國一再重申不支持兩個中國或一中一台的政策，但華府仍從未正式承認中國對台灣的主權。[16]台海雙方對於美國的聲明也都予以審慎的解讀，藉以判斷美方的政策立場是否有所轉變。例如當美國只強調三個公報而不提台灣關係法時，就象徵美國的立場向中國傾斜；相反地，如果美國只強調台灣關係法而閉口不提三個公報時，則象徵美國的立場傾向台灣。

可惜的是，美方某些非專業官員卻忽略了此一些微差異的重要性。在他們的理解中認為，美國說不支持台獨或不主動鼓勵台獨和美國說反對台獨或不容忍台獨，這兩者的意義不一樣。因此只有在美國說反對台獨才等於是默許中國對台灣的主權。然而也正因為這

---

[16] Shirley A. Kan, "China/Taiwan: Evolution of the 'One China' Policy---Key Statements from Washington, Beijing, and Taipei," U.S. Library of Congress Congressional Research Service Report RL30341 (21 March 2002), p. 27, footnote 52.

些類措辭上的失誤，導致了台灣內部出現了對美國政策是否轉變的疑懼。今後美國在傳達其政策指令時如果能在審慎地選擇其措辭的話，將更有助於兩國的關係發展。

美台雙方都應審慎思考機密資料外洩所造成的負面影響

有鑒於中國強力打壓台灣的國際生存空間，因此對台灣而言如何取得外交和軍事上的一定成績來維持台灣在國際社會中的獨立性就格外重要。雷根政府時期，美國國家安全顧問就曾因台灣報紙透露了他出席雙十國慶慶典的消息而感到不悅；不過即便是媒體維持了此事的機密性，但國家安全顧問訪台的主要或甚至唯一的好處其實就只在於讓人們知道他曾經訪問過台灣後所帶來的象徵意義。由於台灣媒體對新聞事件都具有的極高敏銳度，因此除非是官員們不再參與類似的公開活動，否則這類消息幾乎很難不被媒體所揭露。

上述事件因為是在事發後才被媒體揭露，所以情況尚不嚴重，而真正嚴重的還是屬於事前就已洩密的事件。2003 年 8 月台灣呂秀蓮副總統前往拉丁美洲訪問的期間，同時被安排將可過境美國的四個城市。這對台灣而言是一項極具象徵意義的外交成就，也因此很容易在事前就被媒體揭露了。當消息公開之後，訪問城市之一紐約就拒絕了呂秀蓮的過境要求。[17]

這樣的問題其實也是導因於美台雙方各有不同的政策目標所致。如果這樣的差異性無法得到調和的話，這對台灣未來獲取象徵甚至實質利益將有不利的影響。在台灣這樣一個公民權利意識抬頭

---

[17] (No author), "U.S. Denies New York Stopover To Taiwan Vice-President: Report," *Agence France Presse* (Taipei), 30 July 2003.

的社會，政府其實很難再對媒體的新聞自由的範圍設限。因此在這方面只有能仰賴媒體的自律了。

美台雙方都應體認有關中國經濟和軍事的持續成長其實並沒有必然性[18]

外界有若干人依據中國能夠持續維持過去二十五年同樣的高經濟成長率，而透過外推技術的方式預測在本個世紀中，中國將成為世界最大或第二大的經濟體。從 1989 年算起，解放軍的預算已呈現兩位數的增加，[19]而到了本個世紀中「解放軍」的軍力將無可匹敵。不過這其實是基於其他國家必須「順應中國的崛起」(accomodate a rising China)而的出的結論。所謂順應本身就帶有一方必須適應或屈服於另一方的意味，也就是暗示其他國家都應一昧迎合中國的要求。一位澳洲學者稱這種態度為「過早的諂媚」(pre-emptive cringe)。[20]此外，上述推論的假設其實是有爭議的，例如二十年前各界對於日本經濟發展也曾有過浮誇的預測，[21]不過到了 1990 年以後這樣的預測也就不攻自破了。

就中國大陸的例子而言，其經濟發展可預見的限制遠較日本為多。儘管中國大陸實施了長達二十五年嚴格的家庭計畫政策促使出生率下降，但其的人口仍然持續增加。而且為了逃避政府的生育管制，許多人對新生兒都隱匿不報，因此中國大陸人口統計並不準確。依據經濟學人的估計，中國大陸每年都必須增加 1400～1600 萬個工

[18] 詳細的評論，參見："The Limits To Growth: China," *Orbis*, Spring 2004.

[19] 參見：*Xinhua* (Beijing), 6 March 2003.

[20] 日本南山大學教授 Robyn Lim。

[21] 參見：Ezra F. Vogel, *Japan As Number One: Lessons For America* (Cambridge, MA, 1979: Harvard University Press).

作機會才能吸納新進入就業市場的人力；而且由於中國此刻正從事經濟結構的調整，在過去幾年內已有高達六千萬人下崗，而這些人也需要工作。此外，農業收入的下滑也引起了農民的不悅。而在衛生體系方面，中國大陸城市地區的衛生體系往往因經費不足而仍處於標準之下，而在某些農村地區甚至還幾乎沒有衛生體系存在。由於目前中國老年人口佔人口比例已超過 10%以上，並還在繼續增長當中，因此人民對於衛生體系的需求將與日遽增。最後，中國大陸貧富差距的繼續擴大也加深了社會的不安。

近年來中國大陸的銀行體系也正面臨崩潰的邊緣。儘管中國當局已採取了若干矯正的措施，但無論如何情況仍在惡化當中。此外，中國大陸的貪污情況還是相當嚴重。依據某位中國學者的估計，中國大陸因為貪污而使每年的國民生產毛額減少了 13.2%~16.8%，國庫也因此而損失了 1500 億的稅收。中國大陸官員因被控貪污而受到起訴的比例僅佔 6.6%，判刑確定的比例則更低。[22]官員貪污所引起的社會廣泛抨擊已使得中國統治的合法性受到侵蝕。[23]

中國大陸快速的工業化也使得自然環境受到嚴重的破壞，不但導致了農作物產量的減少，也影響了人民的健康。此外，由於河流的被污染和沙漠化的問題日益嚴重，中國大陸也開始出現了未來可能缺水的關切。燃料的短缺也是中國大陸的另一項問題。1993 年中國還是石油的出口國，到了 2002 年中國卻有三分之一的石油必須仰賴進口。石油產量的不足也導致了燃煤的增加，進而造成環境的更

---

[22] Peter Wonacott, "Chinese Corruption Has Sliced Up To 16 Percent Of GDP Over Decades, Study Estimates," *Wall Street Journal*, 8 March 2001, p. A 18.

[23] 中國大陸廣泛的說法是，「毛澤東時代的幹部是爲人民服務，現在幹部則是爲人民幣服務」。

加惡化。中國已積極地在國際市場尋求石油，但這必須和其他同樣有能源需求的國家競爭。

上述因素都會對中國大陸持續的經濟成長造成限制。換言之，中國經濟能否持續成長將取決於她是否有能力解決包括失業、衛生、環保、貪污和銀行壞帳等問題而定。儘管近年來中國大陸的改革的確取得了一定的成績，但這僅只是一個起步而已。中國大陸或許能夠免於崩潰，但其經濟卻絕對不能長久地成長下去。因此，對其他國家，包括台灣和美國而言，現在就決定一昧迎合中國未免為時過早。

結論

美台兩國的關係基本上還算正常，而雙方仍有改善的空間：

- 美台雙方應強化有關對方不同動機和目標的敏感度；
- 美國應瞭解倘若台灣不採取某些刺激中國的作為，她將因此喪失與中國談判時控制議程的能力；
- 美國應節制對台的武器推銷；
- 台灣應更注意某些議題的保密工作；
- 台灣應使美國確信她有自我防衛的決心；
- 在諸如武器採購等敏感議題向外公開前，美台雙方應事先做好諮商；
- 美台雙方都應體認中國的經濟與軍事成長並非一定是必然的，目前實不必過份迎合中國。

中國崛起之再省思：日本對未來東亞中國因素的認知

Tomoyuki Kojima (小島朋之)

前言

進入二十一世紀，東亞地區出現了全面性的典範轉移現象。過去亞太各國分崩離析被視為是本區的常態，但目前卻似乎呈現了快速的合作與整合趨勢。換言之，亞太地區的政治動能因此進入了轉型階段。

首先，此一轉型趨勢可從本區主要行為者已由「上升中的巨龍」取代了「下沈中的太陽」看出端倪。有鑑於此，日本首先針對了國內的經濟進行結構性的改革；而為了確保結構性的改革成功，日本更必須強化其與東亞各國間以合作和整合為主軸的積極交往關係。日本與東亞國家的貿易額佔日本貿易總額的50%，超越了只占日本貿易總額少於25%的美國。因此日本經濟的能否復甦，其實與日本能否強化她和東亞各國之間的合作關係密不可分。

其次，轉型趨勢也可從中日兩國關係由原本有限的雙邊關係轉型為多邊關係中獲得應證。儘管日本仍是本區的經濟大國，她貢獻了本區超過60%的GDP，但為了實現這波亞太區域合作與整合的趨勢，日本還是必須與中國進行合作。

有鑒於此波東亞地區典範改變與政治動能轉型的趨勢，本文試圖針對日本對有關中國因素的認知與政策進行分析。

有關中國崛起的爭辯

關於中國崛起的討論，儘管曾經一度短暫退燒，但它始終都是各界熱門的討論話題。有關中國崛起的第一個理論是經濟威脅論。此一理論認為中國驚人的發展最後將成為「世界工廠」或「世界的生產基地」；而日本的產業將因此面臨空洞化和與中國貿易過熱的問題。

第二項理論則為軍事威脅理論。中國將正式成為亞洲地區的唯一核武強權。為了維持軍事上的優勢，中國已從事載人太空船的研發；中國導彈也已瞄準了日本和台灣，而據報導中國的海軍情搜艦也經常於沿著日本領海出沒。

第三項理論認為中國的企圖是在不久的將來成為一個霸權國家。中國所強調的最終目標是在2050年達到"中華民族大復興"的偉大目標。為了完成此一願景，中國目前致力於在2020年達到將大陸2000年一兆美元的國民生產毛額再翻四翻的目標，如此中國大陸的GDP將會超越日本（日本的GDP為四兆美元）。

上述有關中國威脅的爭議影響了日本人對中國的觀感，也因此日本人對大陸的親近感開始下滑。

依據日本首相小泉的外交政策任務小組的報告指出，隨著中國的崛起中日兩國傳統的關係架構已無法因應目前的形勢發展。換言之，面對這個自一百五十年前鴉片戰爭之後就從未出現過的強大中國，日本究竟該如因應呢？

該報告中指出，未來中日兩國的關係將會呈現一方面合作與共存，另一方面卻又是競爭與衝突的關係。兩國的合作關係包括了日本對中國大陸的投資、日本政府對大陸開發援助貸款（ODA）和外交上的合作關係；兩國的衝突關係則肇因於中國引發的軍事威脅，以及兩國在貿易、經濟和政治等方面的問題。

不過儘管中日兩國存在著競爭和衝突的關係，但各種中國威脅的理論卻並未成為目前日本的主流意見。最主要的原因在於就現階段而言中國其實並未對日本構成威脅。就兩國的GDP而論，日本的GDP仍為中國的四倍，而日本自中國大陸的進口也只佔日本GDP的1.2%。中國的軍力仍處於發展階段，尚無挑戰美日同盟的實力。特別是倘若美日兩國各自部署了導彈防禦系統之後，中國的易毀性（vulnerability）會因此而大增。在中國實現其「民族大復興」的過程中，中國是否會成為日本的威脅，將取決於中國的戰略和當時兩國的關係而定。

另一項導致日本對中國威脅論反映冷淡的原因，在於日本方面似乎認為執行一個與中國合作來維持和發展日本與東亞安全和繁榮的政策對日本是有利的。小泉首相自上任之初就一再表達其「在美日同盟基礎上發展和維持與中國關係」的意向。新民主黨也強調「中日兩國友好關係的進一步發展將有助於兩國在亞太地區的相互合作與信任建立」。

小泉首相在與中國領導人會晤時一再強調:「我確信中國對日本並不構成威脅;中國大陸經濟發展的活力對日本而言是一個挑戰也是一個機會」。小泉這樣的說法似乎並沒有錯。中日兩國各有不同的產業結構,而且形成了互補性的產業關係。儘管日本對中國的貿易逆差龐大,但其中有超過50%從中國大陸的進口都是進口自位於大陸的日本子公司。

該報告並強調,如何增進東亞地區的合作與整合應是日本未來外交政策的主軸,報告中建議應再加強與中國的合作關係。報告認為:「日、美、中國三邊關係將是決定二十一世紀東亞發展方向的重要因素。此一方向將視三國能否在本區建立有助於和平與發展的關係而定。特別是中日兩國能否完全擺脫過去的羈絆而建立建設性關係對未來亞太地區的發展至關重要。」

報告中更指出:「過份強調與中國之間的痛苦記憶是沒有意義的。現在應做的是如何利用這個生氣盎然的中國來促進雙方的繁榮與合作,進而達到實現東亞區域經濟整合的目的。」

不過這樣以亞太區域合作來否定中國威脅論的論述,其實只是日本首相小泉的個人觀點而並不具代表性。就東南亞國家的角度而言,中國經濟的發展的確是一項威脅。1991年至2002年之間,中國大陸吸納了全球針對開發中國家所作直接投資的四分之一。1997年亞洲金融風暴之前,有三分之二亞洲的國外直接投資是投資在東協國家;但金融危機之後這些投資的三分之二卻都改投資於中國大陸。由於大陸和東南亞同屬勞力密集的產業區,因此形成了產業的競爭關係。

儘管為了增進區域合作的發展，東協各國於2001年11月與中國簽訂了為期十年的自由貿易區協定。不過東協似乎仍無法克服被中國大陸吸納的恐懼。

東亞典範的轉移與主要行為者的變遷

1997年亞洲金融風暴的發生再次確認了加速亞太區域合作與整合之典範轉移的必要性。在2000年11月在新加坡舉行由東協十國和東北亞三國所組成的「東協10＋3」高峰會中，各國領袖達成了有關未來建立東亞共同體的共識。東亞高峰會是由「東亞自由貿易協定」和定期性的「東亞高峰會」所組成，藉此討論東亞地區的安全與經濟合作議題。

就東南亞各國而言，他們對於區域的合作與整合一向採取積極的態度，因此在2003年6月的東協外長會議中已針對在2020年建立類似歐盟的經濟共同體達成共識。另外針對有關安全共同體的組織的問題也有所著墨。

在加速東亞區域合作與整合方面，主要的推動者似乎有從日本轉為中國的現象。中國的態度似乎相當積極。在經濟合作方面，中國在2000年初建議與東協簽訂自由貿易協定，雙方並於隔年簽訂了為期十年的自由貿易協定。而在安全合作方面，中國也有積極的回應。中國在2002年針對東協有關「南海行動原則聲明」(declaration of Principle for Action at South China Sea)達成共識，並決定成為東南亞地區以外第一個加入「東南亞友好與合作條約」(Southeast Asia the Treaty of Friendship and Cooperation for Southeast Asia)的國家。中國並建議在「東協區域論壇」中成立「安全政策理事會」(Policy Council for Security)。

相對於中國的積極態度，日本的回應顯然就較為消極。在處理亞太金融風暴的過程中，亞太各國瞭解本區的金融危機和經濟發展兩者間具有很高的關連性，而任何危機的解決都必須仰賴區域的合作。有鑑於在危機解決的過程中，日本由於提供了一千億美元的金融援助而扮演了決定性的角色，也因此增加了本區各國對日本角色的期待。

不過，日本的表現並未符合這樣的期待。儘管2002年1月日本首相小泉建議成立東亞共同體和全面經濟合作機制，但針對其中扮演關鍵地位之自由貿易協定的簽訂，小泉卻強調他必須從「長遠的歷史觀點」考量，而在日本國內包括農業團體在內的壓力下有「難以克服的困難」。當2002年11月中國向日本和南韓兩國建議簽訂東北亞自由貿易協定時，日本這樣的消極態度也沒有改變。小泉認為他必須從長遠的角度來作決策，並強調將依中國加入世貿組織後情勢的演變來評估。

2003年上半年日本對美國的出口額只佔總出口額的25%，但對東亞的出口則擴張至45%。日本經濟的結構性改革必須仰賴與東亞的經濟合作才有成功的可能。不過區域的和平是東亞和日本繁榮的前提。就此立場而言，日本就必須致力於實踐上述有助於東亞經濟發展和安全的合作方案，而東亞各國對於日本實踐這樣計畫有很高的期待。但日本對這些方案並沒有進一步的回應。因此日本的主要行為者地位可能不久後將發生轉移。

中國與日本關係基本方向的結構變遷

中國與日本是對東亞未來有決定性影響的兩個國家。兩國的合作是加速本區合作與整合轉型的先決條件。中國和日本兩國都應該有這樣的認知。在1998年11月江澤民訪日時所簽署的聯合聲明中確認了兩國雙邊關係改變的基本方向。自1972年中國與日本和解以來，兩國關係的基本方向就是「睦鄰友好」。這種友好關係是植基於兩國是鄰國的事實；換言之，中國拒絕承認日本在整個東亞地區和平與發展的角色，兩國關係也僅侷限在雙邊關係的範疇。

不過1998年的聯合聲明卻不再提及所謂的「睦鄰友好」。相反地，聲明中表示兩國已針對建立東亞地區「和平發展友誼合作伙伴關係」達成了共識，並以此作為二十一世紀雙邊關係的基本方向。換言之，中日關係的影響力已不再侷限在雙邊範疇，而是擴展至整個東亞地區；而且此一影響力也不僅展現在經濟發展上，在有關和平方面，亦即本區的安全也具有一定的影響力。

中國之所以對於區域合作的態度轉趨積極的原因，在於其企圖擴展對於本區的影響力。不過與此同時，中國也瞭解欲達成此一目標就必須維持周邊環境的和平並與日本、美國和東亞國家保持合作的關係。因此對中國而言，至少在其達成於2020年超越日本的目標前，如何增進和日本與美國等主要強國之間的關係就至關重要。中國將在亞太地區採取合作性的外交作為。

此外，中國也深知僅憑一己之力是無法實現本區合作與整合的目標。有鑑於此，當中國總理朱鎔基於2000年10月訪問日本時就表示，中國重視日本作為一個區域強權所發揮的影響力與角色，並希望在東亞區域合作的架構下再強化與日本的合作關係。

當日本首相小泉和中國國家主席胡錦濤於2003年5月31日第一次會晤時，他們共同表達了在有關東亞合作的議題上兩國相互協調的必要性。胡錦濤首先表達了對日本在 SARS 事件上所提供援助的感謝。而且和江澤民不同的是，胡錦濤審慎地避免提及有關靖國神社的問題，只簡單的指出兩國「應以歷史為鏡」和「應展望未來」。胡錦濤強調應「全面發展」兩國的雙邊關係，並對兩國在雙邊範疇以外對東亞安全和經濟的貢獻表示讚揚。此外，儘管胡要求日本應對歷史和台灣問題採取謹慎的態度，但同時也表達了他對「從戰略和長遠的角度」來維持雙邊關係穩定發展的期待。針對胡錦濤所發表之具彈性的聲明，小泉首相表示中國大陸近年來的發展為亞洲和日本帶來的是機會而不是威脅。中日兩國除了可加強雙方的合作關係，並能夠對亞太地區的發展與繁榮作出貢獻。

中國和日本的關係已進入了互補互利的階段，因此兩國再發生衝突的可能性不高。例如，日本一直是中國最大的貿易伙伴，而2002年起中國也已超越美國成為日本的最大貿易國，中國大陸已成為日本最大的進口國。這樣的互補結構正是中日兩國之所以能在1998年達成改變兩國雙邊關係基本方向背後的原因。但這樣的轉變仍處於認知的階段，因此有賴兩國持續的不斷努力才能實現。近年來中國的外交已採取了和各主要強權發展合作關係的「全方位」外交政策。例如1996年中國和俄羅斯建立了「合作性的戰略伙伴關係」；1997年和美國建立了「建設性的戰略伙伴關係」；2003年又和歐盟與東協達成了增進相互關係的共識，並將「戰略伙伴關係」引進其中。不過在中日關係方面，兩國則尚未針對戰略伙伴關係進行討論。

綜合討論

區域安全與軍力平衡

圓桌討論

區域安全與軍力平衡

饒義

我在此要說明我所表達的純屬個人意見，並不代表美國政府的立場。我將會對兩篇文章都作評論。首先是埃里克的論文。埃里克論文的主要重點，可以大致簡述如下。由於中國政府是採取威權統治，因此會有許多負面的結果，包括中國大陸在處理區域問題時，缺乏責任感；包括在某些時候，它會掩蓋事實的真相。負面的結果當然也包括中國政府只在乎本身政權的維繫，而非關心人民的福祉等。我希望這樣的概述是持平的。

在這個前提下，埃里克指出後共產主義的中國政府，應是更加有責任感，較為透明，更有效率，且較少貪污腐敗的。這樣的中國應是更符合其人民和國際社會的期待。我對此前題的回應是，雖然我同意大部分的論點，但亦有不同的看法。在國內政治方面，一個民主自由的中國，當然會對其人民的需要，負起更重的責任。我們當然可以期待在埃里克所提到的案例如處理毒鼠強和 SARS 中，中國政府有更好的表現。我們也期待中國更能遵守國際規範，甚至是中國大陸的民眾也能擁護這些規範，同時民眾的想法，也會納入公共政策的考量。

不過，在一個後共產主義較為自由的中國，它在國際政治中的行為表現，仍會有其本身的國家利益。因此我們必須認知它的國際衝突，包括它和美國、台灣與其他鄰國的衝突仍會持續。當我們想到負責任的行為時，必須了解到對負責任或不負責任的認知，取決於個人的觀點。根據不同的情況，會有不同的解讀。就以美國領導伊拉克的戰爭來說，從美國的觀點而言，美國盟邦德國與法國的行為表現，就是不負責任。

讓我針對北韓大規模毀滅性武器的議題提出看法。第一點是中國的崛起會讓我們覺得中國的武器擴散問題相對之下較為微不足道，就是中國變得強大後，它擴散武器的誘因就會降低。這個主張的理由乃是，當中國大陸較弱時，它的國際觀是屬於區域而非全球性質的，也就是說它只關心鄰近國家的問題，而不會關心其他區域的問題。在國際體系中，一個較弱的中國較有可能扮演破壞的角色，不太會支持國際體系的運作。更明確地說，過去它會支持代理人與美國作戰，其他國家也視它是較大的強權，不能用任何方法予以約束。中國大陸使用武器擴散的方法，與恐怖份子尋求他們的目標類似，就是在無法使用其他方式達到目的時，訴諸於偏激作為。反過來說，一個較為強大的中國，比較有可能具有全球的觀點，參與管理國際體系，而不是破壞國際體系較符合其利益。它也更有獲得國際尊重的意願，更願意接受國際的規範，較願意和美國這個霸權，建立伙伴關係。最近我們看到了它願意與其他國家共同商議，要收回過去武器擴散政策的負面後果，如北韓的案例。另外和北韓相關的問題是，美國與後共產主義中國大陸因此改善其關係的可能性。我們必須認識到美國和中國大陸在朝鮮半島，特別是北韓問題方面，有極為不同的基本利益。中國大陸的利益是強烈希望朝鮮半島不要有戰爭，強烈希望北韓政權的延續，因為北韓政權的更替，對中國的代價極大，可能僅次於南韓。中國大陸當然強烈希望朝鮮半島的非核化，但大概可以接受北韓擁有核子武器，因為這對其本身並不構成直接威脅。中國大陸基本上是支持大規模殺傷性武器不擴散的計畫。

美國對朝鮮半島的問題的看法則是，基本上希望看到北韓政權的更替。由於盟邦先前的反對，直到最近美國才有機會來實行這個政策。美國不排除在朝鮮半島進行戰事，而美國的紅線就是北韓大規模殺傷性武器的擴散，毫無疑問地會為此議題和北韓進行戰爭。因此，若是我們將這兩個國家在朝鮮半島的利益放在一起來看，就會發現兩國的利益基本上就有極大的不同，幾乎是完全相悖。我想提出的問題是，這樣一個情形在後共產主義的中國，會有所改變嗎？後共產主義的中國和先前的中國，在基本國家利益方面並沒有太大的不同。

今日中國大陸對北韓的觀點，與南韓及日本等美國民主盟邦的觀點，並沒有太多出入。他們對三個目標都有共識，第一，不要戰爭；第二，不要政權垮台；第三，不要核武，而且此三個目標的順序相當重要。所以在這個議題方面，我們並沒有看到民主國家的看法在一端，而共產國家的看法在另一端。這就讓我們看到後共產主義的中國大陸與目前的中華人民共和國，在國際行為及外在利益方面的不同。

我的結論是，中國大陸的自由化毫無疑問地是正面的發展，我們確信會少見到對國際規範的惡意忽略。不過，這並非表示它會和美國的利益趨於一致。因此，美國和其他國家有可能仍然覺得中國大陸的行為是不可靠的。

對於 Benjamin Self 的論文，我要提出一個看法。我們知道人民解放軍正在加速擴充軍力，而在此軍力擴充的背後，是有其堅持的理念。我們知道在中國領導菁英中的一大部分，是希望在未來將中國建立成為一個支配性的區域霸權。在 Benjamin Self 的論文中，他提到了一個很重要的觀念，就是對中國「日益增加的競爭壓力」(increasing competitive pressure)，我認為這是對研討會中的許多論述的一個平衡論點。事實上，在他對區域安全的描述中，Benjamin 指出了好幾個對中國日益增加的競爭壓力。這些包括了中國認識到美國在亞太地區的實力堅強，若想要在近期或中期內向美國挑戰，是得不償失的。日本是一個在安全方面有其堅決理念的國家，且未來還會有新的變化，包括對憲法第九條和平條款之修正。對日本有研究的人士來說，他們很難相信這個國家會跟著中國大陸走，或是接受中國大陸成為區域的領導國家。印度也是中國的競爭對手，而俄羅斯和中國更能成為盟邦。我們也應知道東南亞國家擁有現代化的軍隊，他們歡迎美國、印度和其他國家在區域中的影響力來制衡中國。在今日極難想像中國在東南亞還可以建立過去的朝貢制度。最後，我們知道中國越來越依靠「美國領導下的和平」(pax Americana)，以保障其來自中東地區的油源供應。簡而言之，我們看到許多制衡中國的力量，企圖圍堵崛起的中國及對抗其所帶來的可能負面衝擊。不幸的是，這些制衡仍無法讓台灣免於處在危險之中。

翁松燃

新朝貢制度的說法，在此研討會中已不止出現一次。我認為我們應當有來自東南亞的聲音，對此發展有所回應，我相信他們一定會有強烈的看法。

楊永明

今年我一共寫了三篇和 Benjamin Self 所提的論文主題有關的文章，就是中國的崛起與美日同盟在台灣安全中所扮演的角色。我寫的第一篇是有關美中安全關係的三個層次交往，是由劍橋大學出版；第二篇是有關日本在美日安全關係的角色，也討論了台灣安全中，美日同盟的角色；第三篇是有關日本的新民族主義及「九一一」後的新安全佈署。在美中關係方面，我想補充埃里克和 Benjamin Self 的論文，說明的確在國際、區域和雙邊層面之安全交往，美國與中國大陸有進一步的合作。就如同饒義所說的，中國大陸有其全球性的視野，不但和美國有雙邊的軍事接觸，也在國際安全議題如非核武器擴散、反恐運動及更重要的北韓問題等各方面與美國有所交往。我們可以解釋說中國大陸這些行為的背後理由，就是目前首要的考量為穩定的經濟發展，及政治和社會的安定。與美國的關係是大陸外交的一部份；與日本、南韓和東南亞鄰近發展區域關係，則是對中國大陸的短期和長期戰略利益都有好處。

有人提出究竟中國大陸是「維持現狀的大國」，還是「改變現狀的大國」的問題，我認為這個問題或許可以改為，究竟中國大陸是一個想要長期發展的「維持現狀大國」，還是一個計較短期利益的「維持現狀大國」？在作這樣分析的基礎下，讓我們來看看台灣的安全問題。許多人主張在計算公元 2008 年舉辦奧運的成本效益後，中國大陸短期內大概不會對台灣使用武力。我記得和陸伯廷教授（Robert Ross）討論此點，他認為大陸是不會使用武力在短期內達成統一的目標。不過由最近人民解放軍的改變和發展，以及他們的佈署和現代化來看，我自問到底人民解放軍會採用什麼方式阻止台灣獨立，而不見得是達成統一？這是北京在作決策時所必須考量的不同邏輯思維。換句話說，一個對台灣並非全面性的戰爭或軍事衝突，一個報復或懲罰性質的行動。我們在台灣應該有這方面的思維。在我們主張要將美中安全交往和合作關係與台灣海峽安全問題脫勾時，就如同在1990年代前期美國也同樣是在考慮中國大陸的人權問題與最惠國待遇脫勾一般。至於這三個層次的安全交往和「九一一」後的新安全架構，是否會改變美中關係與台灣安全的脫勾問題，是我們所要觀察的重點。

日本在美台安全關係中的角色，是值得觀察的。在冷戰結束之前，在美日安全關係中有所謂的「台灣因素」，就是「中美共同防禦條約」。在冷戰結束後，新的指導方針的確有提供美國可以在這個地區佈署軍力的基礎，也間接地將兩岸的安全關係納入，這就是安全同盟中所謂的「遠東條款」。但在「九一一」後，日本了解到任何區域的危機，特別是台海的危機，都會對日本本身的利益和穩定造成極大的傷害。事實上台灣是否要建立飛彈防禦系統的決策，日本是有間接的影響力。我們不但希望能夠結合美國在此區域的軍隊，也希望和日本的軍方發展關係。我想中國大陸當然會擔心日本和台灣都參與的飛彈防禦系統，這是美國同盟關係可以直接對抗中國的一個基礎。這個究竟是否算是美、日、韓實質或虛擬的同盟，或是間接的美、日、台之同盟呢？這是一個值得深思的問題。

布希政府中有不少著名的日本和東亞安全問題專家，因此若是日本政府願意，可以採取具體行動，協助推動新的安全佈署，不僅是在伊拉克的重建工作或是反恐行動方面，而是在新的安全和經濟政策方面，如在東京目前所討論的日韓關係就是一個例子，我相信日本的確可以建立一個新的東亞安全的情勢。在台灣方面，陳水扁總統意識到透過政黨、安全對話等來建立一個台灣、美國、日本的安全網路，是有共同的利益和價值的，並可達到讓台灣實質進入區域安全的體系中，不僅是和美國而已，也和日本建立關係。對陳水扁政府來說，這個「日本牌」的打法，其特色就是日益增強的雙邊關係，與東京有第一軌、第二軌、甚至是第三軌的對話。我相信在「九一一」和美伊戰爭後，日本國會通過派遣軍隊的立法，讓自衛隊在安全和外交方面有一個新的角色。

Benjamin Self 主張日本在公元 2000 年後，意識到若是美國與中國大陸發生衝突，日本一定會站在美國這方。這是東京與華府方面一般有的認知，但我對日本的安全選擇還是有所保留。我相信這會因不同的狀況而有所改變。我認為從美國的角度來看，是誰挑釁將會是重要的因素。東京關心的是，美國與中國大陸是否會發生全面戰爭。如果僅是小規模的危機，我想日本大概只會摒住呼吸。如果美國與中國大陸發生全面戰爭，日本的戰略選擇當然會很清楚。在日本國會新的改選後，日本眾議院會是一個兩黨的局面，但重要的是，民主黨和自民黨在安全方面有共同的認知。這和冷戰時代，社會黨長期和自民黨在安全與外交政策相左是不同的，特別是在對共產主義的圍堵議題方面。在兩岸關係及美台及美台安全關係方面，我想日本如果不是會更堅決其自有的主張，至少也會直接或間接地扮演一個較為積極的角色。

翁松燃

發言人所提出的許多見解，都值得大家深思玩味。就如同日本對自己的主張較為堅決時，北京開始接受一些學者如時殷宏的建議，認為中國對日本的政策應超越過去遲滯不前、被歷史記憶所支配的情況。日本的新軍事佈署和中國對日本政策的改變，似乎意味著有互動的情形，但我不知是哪一個影響哪一個。是日本的堅決主張帶出中國的新立場，還是中國的新立場導致日本的堅決主張，這是值得深思的問題。

另外，Benjamin Self 提出了一個「亞洲北約」的觀點，而楊永明也建議了一個包含美國、日本及南韓在內的機制。昨天張旭成立委和俄羅斯駐台的副代表間有意見的交流。俄羅斯對北約有其看法，也有一些關係的摩擦。不知中國大陸和這個潛在的「亞洲北約」是否會有所摩擦，值得我們注意。Benjamin Self 提到日本政策的移動，並意指在防禦台灣的任何有可能發生的戰爭中，必須獲得東京和華府的同意，這是一個新的發展。

劉復國

很高興回到「國關中心」，能和許多傑出的學者專家一同出席這場研討會，與有榮焉。由於我是最後一位發言人，因此時間上有些壓力，有些重要的觀點不需要在此贅述。不過由於時間有限，我仍無法將原先所要提出的所有觀點和大家一同分享。這兩篇極有價值的論文和整個研討會都是相當切合時勢，我們都知道日前中共總理溫家寶去了加拿大，留下了不少台北和華府、甚至是北京都必須爭辯和討論的問題。我認為這是一個新的發展，不過在讀這兩篇論文時，我發現作者並未直接討論這個新趨勢，當然這兩篇論文是在此之前就已完成，因此沒有反映這個發展。我倒是希望在討論中，大家能直接針對此點有意見的交流。

這兩篇論文都沒有觸及中國大陸對台灣的直接軍事威脅，而這是我們這裡人民相當關係，且在討論的議題。我知道在座有不少傑出的學者專家，也希望能對此議題有所討論。回到埃里克的論文，我想我要針對中國大陸的軍事力量及其區域角色提出看法。我們不單僅看中國大陸軍力的增強，更重要的是也應觀察中國大陸在區域中所扮演的角色，我稱這個角色為「安全徘徊者」。有許多值得分析但卻較少注意的發展，讓我在這略作介紹。

我想先介紹一個新的安全觀念，也是兩篇論文中所提到者，不僅是軍事安全的威脅，他們也討論了非軍事的安全問題。第一個就是核武擴散的問題，就是中國大陸不單提供核武科技，也提供飛彈科技給許多國家，不單是北韓，也有巴基斯坦。第二個就是埃里克所提到來自大陸的 SARS 和 1997 年時的口蹄疫及其他一些傳染病原，讓台灣吃了不少苦。簡而言之，中國大陸是在向台灣和這個區域輸出病毒。我們身處在這強鄰之側，在其軍事威脅陰影之下，也在這些不知名的威脅陰影之下。第三個就是中國崛起後，並沒有穩定的治理。我們聽到有與會者提出它是否會在短期內崩潰的問題，但無論中國是崩潰還是繼續成長，我們知道這個國家在面臨大的挑戰時，並未證明它可以作到有效的治理。如果在一個幅員廣大的國家無法有穩定有效的治理，大規模的走私，對一個在其之側的台灣，也會造成非軍事上的威脅。若是有大規模走私人口進入台灣，我們必須面對這些非法移民，我不知道我能是否能夠有效應付，但這絕對是一個極大的挑戰。

從美國或歐洲的觀點來看台灣的安全問題，通常僅注意到軍事的威脅。我想在此再次重申，就是除了軍事威脅外，也有許多非軍事的安全威脅。我們非常擔心後者，但外在的世界對此並不了解。我也注意到兩篇論文所反映的幾個觀點，如中國大陸在朝鮮半島北韓核武危機中所扮演的新角色。中國大陸的確處於一個 Benjamin Self 所主張的「笑臉攻勢」(charm offensive)之階段，我在「國際前鋒報」

一篇由 Tim Johnson 所寫的文章中看到，這篇原先登在 2003 年 12 月 2 日的文章名為"China's Charm Offensie Is New Effort for Global Diplomacy"。在這個笑臉攻勢的前提下，許多人可能會相信中國大陸現在比較接納國際秩序、將自己設定為較為和平的強權、展現較為彈性務實的作法和有能力作為的大國。更重要的是如同 Benjamin Self 所特別指出的，中國大陸的「笑臉攻勢」或「笑臉外交」在遇到台灣時就不適用了。我想不是住在台灣的人，不會有我們這樣強烈的感覺。這就回到我先前所強調的，或許我們應該讓外界知道我們的感受，特別是在三個重要首都對新趨勢之看法。

中國大陸的新外交—積極參與及有處理議題的意願—事實上仍不是很清楚，因此在亞太地區還是很擔心其背後的目的究竟為何？不單是在台灣，在區域中有許多人弄不清楚為什麼在目前一個極為困難的時刻，中國大陸願意積極參與非常有爭議的北韓問題。

回應主持人的要求，我要對東南亞的安全問題提出一些重要的觀點。三天前我才從一個區域的安全會議回來，因此覺得有必要向各位作一些報告。Benjamin Self 所提出的一點，就是弱國對東南亞區域安全有很強的威脅感受。我的補充就是東南亞國家的人民現在有極大的憂慮，是擔心美國的東南亞政策在這個區域並不受歡迎。雖然有不少人認為美國是這個區域的穩定力量，但我們可以感受到即使是東南亞的安全專家，對美國的霸權主義並不表示歡迎，特別是美國在這個區域推動的反恐行動。在馬來西亞、印尼和菲律賓等回教或有回教運動的國家，他們也對美國將反恐和回教團體扯在一起，表示不悅。印尼人完全不能同意美國將 Jemaah Islamiah 這個回教團體視為與蓋達組織有關，更懷疑將其定位成恐怖組織。身為一個來自台灣的與會者，我很驚訝他們會有如此的感受。當我們在討論這個區域的安全問題時，他們視中國大陸的影響力相當重要，這是值得我們重視的。上個月中國大陸才和東協國家簽署了一些協定，並在此區域建立了新的戰略同盟，不單是經濟方面的合作而已。中國大陸在新的階段推動新外交時，有一些發展是我們必須正視的，美國、日本和台灣都必須面對這個新的趨勢和情況。我想再回到 Benjamin Self 的論文，就是美國、日本和台灣的確是有合作的機會，來協助區域的穩定。

包竹廉

劉復國教授提到「九一一」後對東南亞的衝擊，特別是該地區對美國和中國大陸的認知，但其他場次很少提到美國對抗恐怖主義的新戰略，及此新戰略對東南亞安全的影響。Benjamin Self 博士提到由於「九一一」的緣故，中國大陸脫離了美國的安全焦點。我認為華府在和北京打交道時，似乎有這樣的包容態度。我想請論文發表人和評論人對這樣一個現象給予評論，究竟這只是一個暫時性的現象，還是美國在對中國的戰略思維方面有實質改變？

孟儒

對 Benjamin Self 的論文，我有一個嚴厲的批判，也有一個問題要提出。我的批判就是當你提到中國有一系列的戰略思維，這和我所說的有共識是不同的，我可以接受這樣的看法。不過我想做個提醒，就是美國資深官員有時也會被一些自認是他們朋友的中共官員的私下談話所欺哄。戰略思維的社群在和外國人談話時，事實上是有一些指導方針可以遵循的。當他們告訴你說，我只想要台灣，也可以接受美國霸權時，他們的軍方的想法卻是想得到台灣，才能挑戰美國的霸權。這是我的批判。

我的問題是有關美國對中國大陸的嚇阻能力，你認為這個嚇阻越來越依賴日本。我長期以來也主張若是美國失去了美日同盟，就不會在東亞擁有一個可靠的戰略地位。不過，你如何解釋美國在日本軍事基地的成功設置，我們似乎有更多的機會進入日本，和它的地方政府建立合作？

金德芳

我對饒義所提出的一個國際間積極參與的中國會是一個較有責任感國家的看法不能苟同。我很想知道這樣的一個中國會是什麼樣的中國？我的觀察是中國大陸對目前的情況並不自在，因為這已大大的擴大了它下棋的棋盤。中國大陸過去對美國和蘇聯的共有霸權就覺得不自在，當然對現在美國是唯一的超級霸權也更不適應，它會繼續想出一些作為來對抗這個局勢。各位現在看到的是蜂蜜而不是醋，就是蜂蜜掩飾了醋的真正意圖。我看到中國大陸在善加利用法國與美國間日益敵對的狀況，並在東南亞建立同盟關係。我所看到的並不是中國扮演一個具有建設性的角色，而是一個破壞性的角色。中國大陸培養了一個根深蒂固的不公義感受，用來動員民族主義的情緒。我想這是我們日前接受聯合報訪問時所說的，饒義是持樂觀的看法，而我是持悲觀看法的，我不知道我們誰是對的，但我認為大家在作結論前，應同時對這兩種情況有嚴肅的考量。

王央城

我想對 Benjamin Self 的報告有些回應，特別是在台灣島內的軍事現代化部分。在此之前，容我先說一個小故事。國防部林中斌副部長今年暑假曾到我們的學校訪問，他對群眾說在他就任目前職位之前和就任之後，他對國防部的軍事官員之看法有很大的不同，因為我們的訓練是不單做該做和需要做的事，也包括不在國防部以外的場合對公眾說任何事。可是我們在改變中，因此各位可以看到有軍官參加這個研討會。

自 2003 年 3 月 1 日開始，我們實際上是扮演了兩個角色，一個是在國家的層次，另一個則是在組織的層次。我們正在著手進行軍事教育的改革，因為即使我們有新的軍事採購，也得先訓練軍官才能使用，有所預備。在十年以前，或許我國的經費還比較充足，我們購買了美國願意出售的軍備，但現在我們的政治情況改變了，不能再繼續過去的作法。我們必須和立法委員打交道，必須依照法律的規定行事，因此我們需要時間將所需要的軍備列出清單。

依照法律的規定，國防部三分之一的人員必須是文職的，我們努力做到文人掌控軍方的要求。在聯合作戰概念方面，十年前每一個軍種都在盡力爭取國防部的資源，但現在所有的軍購都必須由三軍聯合作戰委員會審查通過，不可能讓單獨的軍種獨自獲得其資源，所有的軍購都是依據聯合作戰的概念。

埃里克

謝謝劉復國的評論，特別是有關東南亞的部分。另外我要回應的是，不知情的安全威脅，對穩定的破壞，與知情的安全威脅，是同樣的重要。有關我所提出的透明化議題，我並非馬克斯學者，但我確知列寧對權力有深刻的了解。在追求權力的同時，它帶來了極大的恐懼。各位假如能將這樣的心態放下，我才不在乎中國共產黨自稱自己是什麼，我們都知道若是從經濟的角度來看，它根本就不是共產黨。它僅是名義上和控制資訊的運作方面，算是共產黨。舉例來說，去年車臣恐怖份子佔領了莫斯科的劇院，我個人的看法是雖然是以殺死了 120 多人的悲劇收場，但俄羅斯當局自認他所採取的行動是適當的，因為它救了大多數的人命。俄羅斯警方使用催眠劑，一個非傳統的方式來處理當時的情況。如果這個事件發生在蘇聯共產黨統治時代，你認為我們會知道這些細節嗎？你認為我們會對這個事件有所再思，或是俄羅斯的知識份子有所回顧嗎？我想是不會的。中國大陸有開放天安門的討論嗎？十五年了，還是沒有。因此我認為中國大陸的權力結構對目前的情況並不感到自在，這也是法輪功這樣一個幫助我們慢慢呼吸的組織被中國大陸認為是安全上的威脅。我從未去過新加坡，聽說那是一個對媒體資訊有嚴格管制的國家。但如果我想對傳染病有所了解，我寧願先向新加坡而不是向北京查詢。

在有關透明化和負責任行為的關係，我們的確是要看看中國對武器管制是否有負責任的態度。我的觀察是中國大陸的武器管制作為，是功利主義導向的。不過，在我們所最擔憂的北韓，它卻是讓我犯了更多的錯誤。如果北韓是墨西哥，則是另外一回事，但北韓是緊貼中國邊界的鄰國。儘管中國抗議這個看法不正確，不過中國大陸似乎是允許北韓發展核子武器，而且不以為意。我不知道中國大陸在此事件中，共同串通的成分有多少，但至少它對北韓關切的程度應遠超過其他國家才是，可惜的是我沒有看到任何證據來支持這樣的看法。

Benjamin Self

謝謝大家的意見。我沒有任何的異議。對我有很大的幫助。有關華府是否對中國採取了較為寬容的政策，我想這不是基本結構的改變，而是戰術上的包容。美國的戰略計畫專家都會遵照國防部報告中的建議，就是美國在亞太地區必須維持的軍事支配的優勢，而此優勢取決於和盟國間的密切合作關係。因此，假如我們有對中國大陸採取戰術包容政策，他們也同樣對美國採取戰術包容政策，我們就成功地將美國和中國大陸的衝突延後。我們知道中國大陸正與美國進行軍備競賽，它有軍事現代化，美國也有 RMA，美國將會獲勝。美國的優勢不單是有更多的經費，而是從較高的軍備層次開始著手，且有和盟國合作的廣大基礎。因此，在短期內相互有戰術包容應是沒有問題的，因為美國最終還是擁有戰略平衡的優勢。

對於中國大陸的未來，我們可以樂觀，也可以存疑。但這並不重要。我樂見饒義所說的即使長期來看，中國大陸的選擇有限。在結構上說，中國大陸並沒有處於一個可以成為區域霸權的位置或是軌道上。中國大陸的戰略遊戲為何並不重要，因為我不在意它的戰略角色，我必須擔心中國大陸和台灣的關係。我必須接受中國大陸的軍事累積是以改變台灣為目標。我想這是我們所不能忍受的。在這點上，美國國防部提出的觀點是強調基地的重要性，而不是靠隨時的移動，因為若是由檀香山或聖地牙哥啟航到亞洲地區，實在是太遙遠了。因此美國必須強化在日本的前進性軍事佈署。我也會強調由於中國大陸軍力的增強，美國對日本的依賴也會提升。除非我們在西太平洋再增加一個航空母艦戰鬥群，否則我們就必須更依賴日本的基地和他們的合作。

最後，謝謝王將軍所提出的說明，我想大家都應注意到你所說的新趨勢。你們有這樣的協調和審查機制固然很重要，但更重要的是讓我們知道你們有這樣的作法。中國大陸所了解到台灣未來軍事的發展，並不是一個扁平式的發展，而是一個
具有跳躍前進的革命性改變。

饒義

包竹廉有關「九一一」對美中關係的衝擊，是一個很好的問題。應該有人回答。基本上，我會邀請其他論文發表人和評論人都參與這個討論。在我的認知中，東亞不是反恐戰爭中的一個問題，不過由於反恐戰爭佔據了美國政府所有的注意力，每個地理區都被納入這個行動的可能。我們的東亞政策制訂者往往會問那些在美國國防部負責東亞安全的官員，究竟他們對反恐戰爭有什麼樣的貢獻。我們這些研究東亞安全的專家會回答說，我們還有其它的考量，反恐戰爭並非我們優先順序上最重要的議題。我想這有可能成為令人擔憂的發展，讓美國在此區域的朋友感到不舒服，在台灣我也曾聽到過類似的抱怨。

在一開始，中國大陸對美國反恐戰爭所能提供的極為有限，現在看來更是如此。長期而言，中國大陸的貢獻的實質效益是在遞減中。若我們將反恐戰爭分成三個階段，第一個階段，就是在「九一一」之後的初期階段；第二個階段是阿富汗戰爭；第三個階段則是美國和伊拉克的戰爭，我們可以看到中國大陸對反恐戰爭的支持是

在逐漸遞減中。「九一一」之後，中國大陸立刻發表對美國支持的口頭聲明；在第二階段，中國大陸對美國在阿富汗的戰爭是有條件的支持；在第三個階段的美國和伊拉克戰爭中，中國大陸是持反對立場的。如果這個趨勢持續，中國大陸作為美國反恐聯盟的盟友角色是讓人質疑的。

最後，我要說美國若是在這個地區過度強調或是誤用反恐戰爭，將有其危險。在這個區域，事實上還有其他更重要的議題。

楊永明

翁教授剛才提到了「亞洲北約」的概念，這是來自印度學者的建議。未來在此地區多邊安全機制的發展，將會有不同的版本。第一是「亞洲北約」，但這個機率甚低，因為它是以共同防禦為基礎，我對此有所存疑。第二是擴大的「東協區域論壇」(ASEAN Regional Forum, ARF)，或是在「亞太經合會議」(Asian Pacific Economic Cooperation, APEC)上討論安全的問題，這是區域主要國家企圖推動者。不過，我們若是檢視 ARF 過去的紀錄，就知道未來朝此方向發展的可能性不高。第三是將「六邊會談」制度化，或許這樣一個處理北韓問題的「六邊會談」能夠朝制度化的方向邁進。這雖有可能，但也得看其未來北韓問題是否能夠解決而定。最後一個是美國和日本、南韓、澳大利亞和紐西蘭有一個間接的虛擬同盟關係。這些所有的版本其實都對台灣有利，特別是如果我們能夠有任何直接或間接程度的參與。這些場合應當邀請中國大陸軍方的參與，和它有更多的接觸，讓它更透明化，更了解區域國家的憂慮，特別是台灣海峽安全的顧慮。

劉復國

我想提醒在座的朋友。就是在兩個月前，甚至現在亦是如此，在東南亞方面懷疑為何美國要對區域的盟國和朋友施加政治壓力，要求這些國家加入美國反恐戰爭的行列。相對而言，中國大陸帶著非常慷慨的態度來到東南亞地區，對這地區的國家做出重大讓步，以建立經濟伙伴關係。這個區域的人民現在擔憂中國大陸是在提供繁榮的機會，而美國則是對航空業造成重大的傷害。這些新趨勢，加上北京的笑臉攻勢都是值得我們重視的發展，因為它都會對我國的安全問題帶來深遠的意涵。

陳勁甫

以下的意見謹代表我個人，而不是我單位的意見。我有兩點評論意見，第一個是由嚴震生博士代表黃介正副主委所宣讀的論文中，我們可以清楚看到黃介正博士對這個區域局勢有清楚的掌握，因此對我而言是很難再有評論。他的論文所提供的是一個架構，或許我們可以討論這個架構，讓我對論文中的七個安全典範或模式，提出個人的看法。我想這七個典範或模式是個人的認知與信念，將決定你對國防安全的選擇，也是制訂政策的基礎。因此國家領導人必須思想清楚自己的信念究竟為何，再行制訂政策。

第一個安全模式是預防性外交或是先發制人的防禦，中國大陸近年來所選擇的模式似乎是先發制人的防禦，轉為預防性外交。在第二個戰略模糊或是戰略明確方面，美國、中國大陸和台灣在過去無論是基於什麼理由，都維持了某種程度戰略模糊，但美國和台灣似乎都轉向戰略明確。過去我們能夠接受「一個中國，各自表述」，但現在我們是一中一台；最近美國對此議題改採明確的政策。

第三個模式是提到強制與誘因，究竟何者較為有效。雖然我們希望誘因對提供和平與安全而言，是較為有效的，但從最近的發展來看，三方似乎都選擇強制作為外交工具。第四個模式是有關多邊主義或是單邊主義，由於台灣並非聯合國的成員，因此單邊主義為三方的主要選擇。黃介正博士的第五個模式是創造和平或是政權更替，我認為更理想的說法應是究竟是用和平漸進（evolution），還是選擇革命手段（revolution）達成目的？你究竟是要逐步改善，還是基本改變？我認為我國似乎在尋求一個基本的改變。

第六個模式是傳統盟邦體系或是意願的結合，由於我們沒有和大國間有任何的同盟條約，台灣大概是屬於意願的結合這一方，也是以普世基本價值的民主和自由為基礎的一方。很明顯地，這也是很有力量的。在最近的衝突中，美國使用民主和自由的價值及人權來推動其外交。不過，這個方式是否有效仍有待證實，特別是民主與自由價值和國家利益相衝突時。

第七個安全模式是絕對的軍事優勢或是軍事轉型，我將這個用法改為均勻或是不均勻的軍事力量。在傳統戰爭中，我們的戰略思維是屬於軍力的均勻，必須要有絕對的軍事優勢壓制對方。在美國的新國防思維出現後，許多人開始思考不均勻的軍力。台灣是否朝向不均勻的軍力思維，還不是很清楚。在理想現實間還存在著一個很大的差距。

我想要對此七個模式提出觀察，我們究竟將選擇的是什麼樣的組合？如果是先發制人的防禦、戰略明確、強制、單邊主義、革命性改變和意願的結合，這對為我國的和平與安全是否有益？什麼是其正面和負面的層次？希望大家能夠提出討論。

第二個部分是黃博士所提到兩岸協商的「三個基礎」，就是尊嚴、對等和安全。我想這三個基礎的確很重要，但也想加上另外的一個基礎，就是繁榮。我想若是有繁榮作基礎，將會對兩岸增添共同的利益。最後，我要對黃博士提出兩岸再啟協商的呼籲作出回應，也樂見來自世界各地促成此目標的任何幫助。

王央城

能夠有機會參與這個階段的討論，是我的榮幸。我被指定要評論的是阪田教授的論文。我們剛聽到阪田教授對朝鮮半島的安全問題，和中國因素所帶來的機會和挑戰的看法。中國大陸的快速發展，受到世界各地的注意。要討論這個地區的安全問題，就必須將區域中的每一個國家和議題納入考量。用一篇論文來處理這些議題並不容易，因此阪田教授選擇了朝鮮半島上的兩個問題作為討論的對象，就是「六邊會談」和美國與南韓的同盟關係。這整篇文章有一個廣度的觀察，也對以上所提到的兩個重要的區域安全部分作了細度的分析。

美國和中國大陸試著用多邊主義的「六邊會談」，做為解決朝鮮半島危機的方式。雖然現在還有一段很長的路要走，但阪田教授指出區域的國家了解到「六邊會談」的重要性。不過，即使我們都知道一個非核的朝鮮半島應該是符合中國大陸的利益，至少這是他們官方的說法，但我對中國大陸是否有強烈的意願來儘速解決北韓核子危機的說法，有些懷疑。我們也可以從另一個角度來思考這個問題，就是中國大陸對此問題的看法究竟是否有所不同。

即使在中國與北韓關係方面，中國大陸扮演了一個務實的調解者的角色，協助美國和其他區域國家解決朝鮮半島的核武危機，它仍然有可能失去在此問題方面的影響力。因此，除了阪田教授在論文中所提到的部分外，究竟中國大陸有多大的影響力和意願，是相當重要的考量因素。另外一個重點就是北韓對美國和其他區域強權的承諾是否有信心，因為北韓孤立於世界之外有一段時間了，外人無法輕易了解北韓的領導人和其社會。我們究竟對它的了解多少？我想是不多。因此，阪田教授所指出的另一個決定未來美國和南韓關係是否為區域盟國關係的就是中國大陸的因素，我認為中國絕對不希望看到這樣的發展。

根據論文發表人的陳述，美國和南韓盟國關係，意味著美國在韓國的軍力佈署，未來將會較接近台灣海峽。從軍事的角度來看，我不同意這樣的說法。我們應該為「較為接近台灣海峽」作一定義。我想提出不同角度的觀察。從地理觀點來看，即使美國在韓國的軍力佈署向南 100 公里，這個軍力還是在朝鮮半島上。對我而言，若從朝鮮半島到台灣海峽的距離來看，這並沒有較為接近台灣。

從軍力的角度來看，黃介正的論文有提到這點。雖然我們相當熟識，但我對他認為我們軍力較弱的說法，無法苟同。在量的方面，我們是比中國大陸解放軍的人數少，但這不表示我們居於弱勢。舉例來說，我們試著建立嚇阻的力量，這也是我們軍隊的目標。不過，我們並不是要作軍事的挑釁，向解放軍挑戰。國防部長湯曜明先生多次在公眾場合及立法院宣布，國防部長會決定開第一槍，而國防部長會遵從來自總統的命令。即使是在台灣海峽上空的飛行員面臨挑釁，仍需要將此訊息傳給指揮官。指揮官是聽從來自國防部長的命令，而國防部長則會和總統府對情勢作出判斷，然後才會執行。若是沒有任何命令，則飛行員是不能採取行動的。即使他在空中，仍不能隨意發射飛彈，攻擊任何的飛機。因此，我們的國防政策是非常清楚的。

我們的確是需要向世界各地取得所需的軍備，不過大部分的軍備是可以由國內生產，及對美國的採購來滿足。我們並不會和中國大陸進行軍備競賽。如果你從量的角度作比較，當然對方數量較多。就以飛彈來看，它的量是超過 496 枚，他們有洲際飛彈和長程飛彈，射程可以達到美國本土，當然也包括關島和夏威夷在內。對我們而言，這個威脅一直存在的，對方不會輕言放棄。有人問說中國是否有能力進行對台灣本島的入侵？從軍事的角度來看，我們必須隨時有作戰的準備，以嚇阻中國大陸軍隊的入侵。

第二點是有關美國和南韓是否會介入這個區域衝突，這是美國和南韓的國防政策，而不是取決於衝突點的距離是否在 100 公里以內，我想這是很明顯的。根據不同的情況看來，每個國家的政策都依其國家利益而制訂。因此，在論文中，阪田恭代教授指出：除非是在朝鮮半島發生，否則南韓不願意介入這個區域衝突，而美國和南韓的軍力佈署，對台灣海峽而言，將不會有任何的作用。

最後，我要提出的是在解決區域衝突方面，透明度和信心的建立是最重要但也最難建立的。雙邊的政治對話或許會有幫助，但我認為要有進展比較不易。我就在這裡打住，歡迎在下面的討論中，提出各位的評論。

林文程

很高興有機會參與這個研討會，向在座的許多本地和外來的傑出學者分享我的看法。這個階段的座談共有兩篇論文，我將先評論黃介正的論文。在開始評論之前，我要先說明我所作的評論只是我的個人意見，並不代表國安會的立場。首先我要強要的是，在兩岸關係的認知方面，我和黃介正並沒有不同的意見，畢竟我們是為同一個政府在工作。不過，我想對它的論文提出兩點評論。第一，我相信在黃介正的論文中，似乎少了一塊東西，就是他並沒有觸及中國大陸政治和經濟發展的議題。我認為這是非常重要的一部份，因為中國大陸的發展將會影響到兩岸的關係，我們實在無法將這個因素排除在外。中國大陸現在完成了領導人的世代交替，但我們仍聽到有所謂胡錦濤人馬和江澤民人馬的權力鬥爭。這是否為真實？胡錦濤是否能夠在短期內鞏固他的政權？這將會對兩岸關係有不同的意涵？我覺得黃介正應當花一些篇幅來處理中國國內政治的發展。

第二，我想指出在兩岸關係的問題方面，中國大陸拒絕接受海峽兩岸「一邊一國」的事實，這也是目前的現狀。在最近布希總統和溫家寶總理的談話中，布希總統指出美國反對中國或台灣片面改變現狀，但問題是什麼才是現狀，這必須先定義清楚。對我們而言，現狀就是台灣海峽兩岸「一邊一國」，而中國大陸想要改變這個現狀，我們當然不能接受。國際社會在這點上繼續批判台灣的決策者，但我們不能接受，因為我們相信中國大陸才是想要改變現狀者。

讓我們現在轉到阪田恭代教授的論文，讀了她的論文後，我認為她寫得很好，不過我仍然有兩點評論。第一，我承認中國的確是崛起中的強權，在東亞地區有其重要地位，但究竟它對北韓的核武危機有多少的影響力？我認為這是一個可公開辯論的問題。有時我認為中國大陸在此議題上的影響力是被誇大了，中國大陸在與北韓打交道時，並不是這麼有影響力。我們不要忘記 2003 年 10 月江澤民主席和布希總統的高峰會中，江澤民坦承在北韓的核武發展問題方面，中國大陸也是被蒙在鼓裡，這就表示中國大陸對北韓的核武發展並沒有任何的情報資訊。如果中國大陸並沒有任何的情報資訊，我們怎能相信它對北韓有影響力？事實上，北韓認為中國大陸出賣了它，因為原先想法是雙重承認，就是日本和美國承認北韓，而中國和俄羅斯承認南韓。但北韓在外交方面持續遭到孤立，美國和日本尚未承認北韓，而南韓卻早已獲得中國和俄羅斯的外交承認。因此，北韓是認為被中國出賣了，對北京有相當的不滿。我認為阪田教授過度強調中國大陸對北韓核武和東亞議題的影響力。

第二，我同意阪田教授的建議，就是國際社會選擇一個包括交往和圍堵的政策。但我們看到的國際現象乃是大國較重於交往，或選擇交往的策略，超過了圍堵策略。國際社會願意和中國大陸妥協或作出讓步，並和其有更密切的交往。即使中國大陸犯錯，這些大國也要睁隻眼、閉隻眼，假裝沒有看見。我想這是問題的所在。若我們選擇了阪田教授所建議的政策，我們或許還可以制衡中國，但我們並沒有將這個政策付諸實行。時間有限，我不應當多說話，身為政府官員，多說話只會帶來麻煩，我就此打住。

孟儒

我想請問阪田恭代教授有關美國和南韓的盟國關係將會轉型成為區域盟國關係，這是否意味著韓國的美軍將會干預在朝鮮半島以外的區域安全問題，甚至包括了台灣？還是說美國和南韓將會有共同的演習計畫？您採用 1993 和 1995 年的資料來支持您的論點，但在 2003 年到 2004 年的今天，特別是在盧武鉉政府沒有任何主動積極作為時，美國國防部長倫斯斐在最近訪問韓國時，有提到這個區域同盟的關係嗎？

高敬文

兩個問題，也就是黃介正博士所提出的第一個挑戰，如何在經貿關係和安全考量中取得平衡。我想更清楚地問，就是台灣是否有決心為台灣成為獨立國家，而付出自我防禦的代價？中國大陸和台灣的加速經貿整合很明顯的是個挑戰，我想知道這個整合對台灣的防禦準備有什麼樣的衝擊？特別是居住在大陸的台灣人，他們的孩子在中國大陸出生，若是他們要服兵役，將會有什麼影響？是否有相關的研究？

第二個問題是想請問阪田恭代教授，我想知道韓國政府、安全官員和一般社會對中國大陸的態度和其變化，因為韓國對中國的觀念的改變是會影響它和美國的同盟關係。你提到了經貿關係，但我想應當不僅只是這層關係而已。或許在南韓有這樣的討論，就是夾在日本和中國大陸兩大國間，南韓的利益和立場究竟為何？南韓傳統上的敵人和對手是日本而不是中國，我想知道中國的崛起是否改變了這個基本的看法，因為韓國社會似乎被中國大陸所吸引。我們也知道美國與韓國安全官員對此看法有所差異，我想聽聽你的評估。

趙采薇

我有兩個問題想請教嚴震生教授。第一個是有關黃介正博士所說的少了美國和台灣的亞洲經濟聯盟，但我認為將這兩個國家放在這裡比較適不適合的。美國的問題是相當棘手的，美國在東協剛開始時，是有參與的。我想若是要忽略美國在這個地區的經濟利益是不容易的。至於台灣方面，我們知道我國政府已不再推動所謂的南向政策，因此我認為不應將兩個國家擺在一起作比較。此外，有關黃介正博士所說的 APEC 會是一個更合適的經濟聯盟平台，我不同意此看法，因為 APEC 缺乏鄰近性。

第二個問題是有關中國大陸的新領導班底的問題，黃博士提到中國大陸的老領導人，並沒有提到新領導人。無論是即將來臨的崩潰或是威權統治的韌性，去年的中共十六大已告結束，而未來還有十七或十八大接著而來，第四代或第五代的領導人接班也可能繼續，如胡錦濤、溫家寶、曾慶紅、吳邦國等。你認為在國防政策，特別是台灣問題方面是否會有基本的改變？

嚴震生

我不確定我是否能夠以現在的位置來回答問題，不過我認為無論是東協加一或東協加三，黃博士所要強調的是台灣被排除在外。這是一個很重要的問題，因為如果區域內所有國家都有參與，而我國被排除在外，將會對台灣的經濟有深遠的影響。黃博士將美國也納入討論，其目的大概是想提醒美國也被排除在外，因此應當協助台灣的參與。

至於中國大陸內部的發展對台灣的影響，我沒有時間來回答這個問題，也不是這方面的專家，因此只有表示歉意。

阪田恭代

第一個問題要回答的是在「六邊會談」中，中國大陸在北韓發展核武問題上所扮演的角色。首先，中國大陸並非最合適者，但既有它在場，就該善加利用。有關北韓的核武問題，我們不知道中國大陸的影響力是如何運作的。日本方面對美國的利益有某種成度的憂慮。究竟紅線在哪裡？是北韓試爆核彈時？是在它宣布擁有原子彈時？還是要等它出口核子武器時？日本方面弄不清楚這條紅現在哪？我們是不希望朝鮮半島有核子武器，但若是真有的話，我們已和一個核武化的北韓共存很長的一段時間。

其次，中國的角色是否被過度誇大了？我相信相較於過去而言，它目前在北韓的影響力是較為侷限的。但問題是難道俄羅斯行嗎？日本或南韓也沒有任何的辦法。因此在目前只有中國有此影響力。當然我們不應將所有的投資都放在中國身上，但現在它的確是扮演了關鍵性的角色。有關北韓核武發展的資訊問題，中國大陸究竟知道多少？我們無法確知。

第二個問題是有關美國和南韓間的未來區域盟國關係，我不認為這個區域盟國的關係已開始運作，目前還只是說說的階段。由於過去有很長一段時間沒有對此議題進行討論，但現在雙方的安全問題專家又展開這方面的對話。南韓方面意識到若要美韓間的同盟關係繼續維繫，這個新的盟國關係必須建立。這不單是要確保朝鮮半島的穩定，也要處理各種臨時發生的狀況，包括東南亞的麻六甲海峽和全球性議題如在伊拉克的合作等。在區域方面，則是中國對東南亞的威脅和區域的穩定等。在國家政策方面，南韓有究竟應和美國還是中國加強關係的辯論。這是一個關乎戰略的辯論，南韓人相信要與中國大陸交往，但也不要交往過深，這是美國與韓國發展區域同盟關係的價值。

王央城

徵召年輕人服役是內政部的責任，而不是國防部的責任。我們對高敬文先生提出的問題有作評估，這些謹供內部決策參考。

圓桌討論

戴傑

吳釗燮的論文精確地提供了一個主要是台灣執政黨，特別是陳水扁政府對崛起的中國對兩岸關係意涵的觀點。我的評論大致依據吳釗燮的清晰結構，總計分為五個部分。

吳釗燮一開始先描述了台灣的兩岸政策是以兩個立足點為基礎。第一個立足點就是民進黨政府對台灣身為主權國家的中華民國之現狀維持的承諾。這意味著一方面要避免中國大陸對現狀的侵犯，導致了台灣的地位僅是中國的一省，但另一方面此承諾又扭曲了民進黨過去的台獨黨綱。

此第一立足點的特別之處，當然就是若想要屹立，就得動搖。在過去的十多年中，台灣政治領袖維持現狀的作法，帶出了一連串具有爭議的政策修正，包括了李登輝總統的「特殊國與國關係」、陳水扁的「一邊一國」和最近的企圖改變現狀。對於現狀的改變，美國總統布希在接見中共總理溫家寶時，曾宣稱美國反對任何片面改變現狀的作法。

第二立足點是台灣和中國大陸的交往，特別是經濟層面的交往。此處吳釗燮描述了兩岸經濟整合方面，許多限制逐漸鬆綁的過程。從執政黨的角度來看，當然這樣的漸進主義是小心謹慎的。批判者的觀點則是認為由「戒急用忍」到「積極開放、有效管理」仍是對兩岸經貿關係加諸不必要,且在經濟上是有害而最終是無效的限制。

吳釗燮論文最有意思的一個特色,就是用兩隻腳來比喻兩個立足點的隱喻。最近兩岸政治充滿了這個隱喻。陳水扁近來確保台灣利益和地位的努力,將台灣的民主發展比擬為美國開國先賢的願景。反對聯盟的總統候選人連戰,則將陳總統以吳釗燮第一個立足點為基礎,所提出的一個關鍵性主張—公民投票,視為是今日的義和團之舉,以為光靠文字就能保護台灣不受中共飛彈威脅,是一個過於天真的想法。另外,如同先前江澤民一樣,溫家寶總理將自己比喻為林肯總統,一個在面臨分裂勢力時想要固守國家領土完整的領袖之努力,也特別讓人感到不可思議。

值得玩味的是,吳釗燮採用的兩隻腳的比喻,是來自毛澤東的政策口號。就如同毛澤東想要快速達成社會主義發展的失望結果一般,用兩隻腳走路有時還真的相當困難。在其論文中,吳釗燮似乎察覺此點,也清楚表示若是被迫選擇時,他寧可用前腳跛行,而不願靠後腳跌跤。吳釗燮在其結論中指出,台灣在依賴後腳時必須非常謹慎,不要因此而傷了前腳。吳釗燮認為中國大陸對台灣的經濟影響力在持續成長中,它有可能被誤用,而事實上也是如此。

在接近文章尾聲部分,吳釗燮認為想要讓後腳承受較大的重量,是極其危險且無效的。在文章最後,它指出一個無法否認的問題,就是中國大陸驚人的經濟成長,事實上是與伴隨成長的可能災難,同時存在的。胡錦濤及溫家寶領導階層最近提出要重視那些未受惠於改革時期榮景者的需要,當然也是明確地認識到他們對發展與穩定可能構成的威脅,足以表示大陸經濟存在著脆弱的一面。吳釗燮認為台灣經濟過度依賴大陸,這將會是台灣潛在的一個問題。

第二，吳釗燮對兩岸關係的國際政治與台灣定位的看法，相對而言是悲觀的。他認為目前的困難，可以歸諸於以下的幾個因素。這些因素有部分是短期的，包括了中國大陸特別不喜愛陳水扁，和北京相信至少在被迫要面臨台灣未來四年仍是民進黨執政前，它寧可等一位較能接受的繼任者。另外美中關係特別友善，其部分原因乃是美國為了要在北韓危機與廣義的反恐戰爭等議題方面獲得中共的合作，而視與中共和解有其必要。最近台灣熱的發燒的總統大選競選活動，也成為陳總統激怒北京的前提。

其他的因素則是屬於較長期、結構性質的。中國大陸崛起成為區域或全球的經濟與軍事大國，使得美國和其他大國與區域國家，都必須更嚴肅地考慮中國的利益與偏好，並將其視為長期的職事。中國的利益與偏好，和台灣的自主之間是長期處於敵對的狀態。此外，部分人士認為無論台灣是泛綠或泛藍執政，台灣化的深化與對中國認同的降低，都將會持續。改善兩岸關係，或是降低台灣面臨的壓力之前景，取決在個人認知中，究竟是何因素—相對於短期臨時性質者，抑或相對長期結構性質者—是解釋目前緊張狀態和困難情形的主要因素。

第三，吳釗燮對公民投票法和憲政改革的討論，引起有關憲法與廣義憲政問題的考量。我們有此衝動會說目前所看到的政治發展，是因為政治領導人都具有法律專業背景的結果。總統、副總統、「陸委會」主委和其他資深官員都是律師出身，是一個層面；對憲法條文和公民投票法的強烈政治主張，及對公投法第十七條防禦性公投的技巧性解釋，則是另一層面。

無論這些觀察究竟是否屬實，我個人認為即使政府領導人都是律師出身，台灣仍可以繼續存在，公投法的確引發重要的憲法問題，特別是有關政府部門間的權力分配問題，以及政府與人民間的相對權力問題。前者包括了在公投法中立法院的角色、在人民發動公投時成立具有爭議性的監督委員會，以及總統發動公投的權力範圍；後者包括了監督委員會是否合適，以及在對核能電廠到憲法修正等一連串議題方面，公民投票同意或不同意的結果，是否在政治或法律上具有約束力。同樣地，有關憲法改革的討論—部分有可能會透過公民投票完成，是針對政府的組織架構與政府權力而來。前者包括了五院改為三院、立法委員席次的縮減，和政府其他方面的裁併；後者則是強調有必要強化政府的能力，這也是提出憲政改革的重要理由。

雖然吳釗燮強調公投程序的制訂，與強化一個有明顯缺點的憲法，使其符合時代的需求，是台灣民主深化的表現，但在公投法的實際施行層次與施行的情況來看，由於可能會導致憲法改革進入政治論述的層次，而存在了潛藏的問題。有關公投法施行的議題，有許多是選民不可能會反對者，也有不在台灣司法管轄範圍內的。如中國大陸的撤除飛彈和放棄武力犯台，以及台灣應加入世界衛生組織等。所有的案例都是在台灣現存憲法中，不具任何法律效力者，即使有政治壓力不增加，亦不能透過公民投票完成憲法修正，來取代現行憲法中規定的繁瑣修正過程。即使是對核能第四發電廠的公民投票，似乎也無法具有法律或政治的效力，來拘束立法者。這些公民投票所冒的風險，雖然並非會無可避免地造成對公民投票程序的貶損，但卻讓它失去對民主化貢獻最重要的意義。

幾乎是同樣的情況，憲改的時間表有可能被視為是總統謀求私利的擴權計畫。這一部份源自於一些主要強要的內容改變，如選擇一個相對於目前的體制而言是偏向總統制而非內閣制的政府體制、縮減原先是分擔政府部門，包括五院改成三院和一般政府部門的減少，另一部份則是來自於過去憲改努力中顯而易見的目標，就是批判者認為總統曾主動想要擴張本身的權限。即使批判者的顧慮擺錯地方，但這樣的認知，當然會降低想要將憲改的動機描繪成是源自於民主或是善治目標的可能。

吳釗燮的論文宣稱公民投票和憲改議題純粹是國內政治的事務，特別是台灣民主的進步和深化，也不會牽扯到台灣在國際地位上的改變。從較狹義的角度來看，這個說法並沒有錯。陳總統所承諾的防禦性公投，和已被公開討論的其他特別公投議題，並沒有明確地討論台灣的國際地位，或跨越了陳水扁在兩前年就職演說中有關台灣定位問題的界線－四不一沒有。在該演說中，陳總統重申目前所思考的公投及憲改之拘束。

從廣義的角度來看，計畫中的防禦性公投、公投法和憲改計畫，不可避免地都和台灣的地位有關。首先，在台灣公民投票的想法長期以來是和台灣獨立的公民投票綁在一起，而民進黨成為執政黨之前曾長期支持用公民投票達成台灣獨立。中華人民共和國在處理這項連結時，是謹慎地凸顯其政治意涵。從國際法，基本上是國際政治的原則來看，這暗指或至少是喚起了對定位的看法。在國際法中，使用武力的規範適用於國與國之間，而非一國之內。

這個連結，事實上比這些臨時性的關連要深，且更加微妙。相較於昔日「黑盒子」似的主權觀念，今日的國際法同樣是反映國際政治是會對一國的國內秩序表示「關切」。民主、尊重人權的實體，遠較缺乏這些特質的實體，享有包括法律地位在內的較重要國際地位。民主的行動所作的宣示或是強烈指向對某一個（新）獨立國家的要求，雖然不具有決定性作用，但仍是算數。台灣領導人相當了解這些現代國際版圖的特徵，長期以來將國內的民主和人權，作為增強台灣要求國際地位的工具。公投法和有關憲政的討論，無可避免地涉及這個討論，都是明確地以它們對民主的貢獻作為呈現。

更有甚者，憲改和決定憲改的公投及較廣義的公投法都被其支持者描述為是本土化的措施。在這方面，一部新憲和決定新憲的公投及其他公投，在某種程度上是有關台灣人民為自己設計一個政府。儘管對陳總統在就職演說時所陳述的「四不一沒有」有所逾越，其結果仍是在台灣、為台灣、由台灣人制訂的憲法，且會取代在中國大陸由中華民國在 1947 年草擬，並在隨後帶來台灣的憲法。通過一部新憲，並要使其聽起來不像是建國的舉動，而是政府的改善措施，的確是一個困難的表演。

總而言之，吳釗燮宣稱在論及民主時，沒有一個國家有類似台灣的經驗。我們也可以同樣地說，在有關國際地位方面，沒有一個國家經歷過台灣所面臨的問題。台灣的這兩個特殊的層面彼此緊緊連結。近來和這兩者有關的就是公民投票和憲政改革。

第四，吳釗燮處理了中華人民共和國的政治變遷，甚至是民主化的政治變遷，對台灣所造成的危險。他對轉型階段即使最後的結果是良性的有可能會不穩固的論點，至少對簡易版本的「民主和平」理論而言，是一個批判。吳釗燮的懷疑是有所依據的，因為此理論有關民主國家彼此間不會有戰爭的兩個限制，往往被輕易忽略。第一，此理論所指的是民主國家，而不是民主化國家。民主轉型的國家有捲入國際衝突的傾向，因為這類在轉型中的國家經常擁抱對外有敵意的民族主義。第二，此理論所指的民主和平是國與國間的和平，而非國內如壓制分裂主義者或叛軍的武力使用。正如溫家寶總理最近求助於林肯之舉提醒了我們，即使在相對而言是極有基礎的民主國家，也可能在考慮重要的國內事務，如保持國家的統一時，會有使用武力解決問題的傾向。令人感到心寒的是，這樣的一個描述，相當符合北京官方對台灣問題的看法。

最後，陳總統和溫家寶同時求助於美國的經驗和美國民主發展的關鍵時刻之作法，再度提醒我們在兩岸關係和台灣命運的任何討論，美國將無可避免的扮演益加吃重的角色。在這方面，我們有衝動想要提醒那些對陳總統計畫發動公投和進行憲改的美國批判者，無論是對台灣，或是陳總統近來動作對兩岸關係穩定或國際安全的衝擊是否有為正面，這些一部份是台灣民主化的結果。至於它們的其他部分，則是一個候選人在選情緊繃的選舉中，基於努力集結其基本盤的支持所下的幾著棋。

美國官方政策一直是支持台灣和其他各地的選舉民主。因此當美國的領導人對台灣民主化可預測的結果有所抱怨時，給人的感覺就不僅是有些反諷而已。他們的口氣，有點像電影「北非諜影」中的雷諾上尉的口氣，就是在發現他長期光顧、保護和經常手氣不錯的賭場竟然有賭博時感到驚訝。

李明

金德芳似乎對中國大陸對台灣所擁有的經濟籌碼感到憂心，特別是台灣對大陸在經濟方面的高依存度。其他一些複雜的因素加在一起，讓台灣面臨極大的挑戰。美國和中國大陸的雙邊關係日益緊密，對兩岸關係亦造成嚴重衝擊。在保障台灣兩千三百萬人民決定其未來命運的權利，與必須接納中國大陸成長中的經濟和軍事力量之間取得平衡，對台灣的安全具有關鍵性的需要。身為台灣的公民，我很感謝金德芳的善意關懷。她的建議和主張亦是深具見地，相當切中目前的局勢發展。在她指出美國是台灣唯一「有實質意義」的保護者時，金德芳的態度也是非常直率的。我想在台北目前與北京關係緊張之際，這樣的保護作用是有必要的。

在金德芳所提出的七項建議中，我同意她大部分的說法，特別是他所指出台灣和美國有不同的目標。若是美國的目標是維持台灣海峽的和平，因此若是台灣由實質獨立走向法理獨立時，是否就和美國的利益有所衝突？我們是否可以推論，在這情況下美國對出兵援助台灣是否會有所猶豫？這雖然看起來是一個細微卻是極為重要的觀點，因為民進黨推動台灣法理獨立的熱情不減。

有關紅線部分，沒錯，中國大陸經常在操縱這條紅線。金德芳指出美國對中國所謂的紅線定義的判斷並不正確，中國大陸無法成功地封鎖台灣觸及紅線，而台灣曾有觸及紅線的經驗。我的問題是，究竟台灣在未來應更大膽地忽視這條紅線，還是謹慎小心地避免挑釁中共？

我對金德芳教授有關台灣軍隊士氣低落的比較悲觀的論述是無法同意的。她指出台灣軍方似乎更重視彼此對國防經費的爭取，過於其對抗中共解放軍的決心。我一方面是欽佩金教授的勇氣，也相信這樣的論述在台灣是有爭議的。

最後，我同意金德芳有關中共經濟發展方面的觀察，如嚴重的貪污和生態破壞問題。雖然我們不見得滿意於中國大陸經濟發展的成就，但它的政治和經濟的影響力正快速成長中。或許對美國而言，中國大陸的發展不見得是威脅，但對台灣而言，這卻是不爭的事實，台灣沒有低估此威脅的空間。和其他人民一樣，我歡迎任何對增進台灣與美國雙邊關係的建議，也樂見一個安定的台灣和穩定的兩岸關係，因此再次謝謝金德芳教授的善意。

簡淑賢

雖然我身為美國國會研究服務處(Congressional Research Service)的工作人員，但在此我謹代表我個人而非我的工作單位或政府做意見的表達。

我要評論的是小島朋之教授的論文，但由於我是最後一位評論人，因此除了評論它的論文外，也想觸及研討會中所一再提及，相互關連的議題。本次研究會的主題是「現實與認知」，我想我們有時應將「認知」視為是「錯誤的認知」。研討會每位與會者的工作，就是要釐清錯誤的認知，尋求現實真相。我們開始討論的是戰略的現實，問題焦點是中國大陸、台灣、日本或是美國，究竟存在的是戰略方面的變化，還是戰術方面的調整？

首先，我們主張在評估中國大陸的行為時，應有此認知，就是中國大陸對國家利益的看法，不同於國際社會的利益，無論是在人權、武器擴散、或是北韓議題方面。許多時候我們看到中國大陸在這方面有所努力，或許我們應給予掌聲鼓勵，但也不要忘記它的目的是在增加與美國關係中的籌碼。我們在研討會中聽到有關中國大陸「新外交」，是一個積極、有信心和溫和的外交。它是在多邊機制下，參與國際合作的外交，是國際社會所樂見的。「六邊會談」就是一個實例。在華府和許多國家都認為這是亞太地區興起的一個新機制，究竟這是戰略還是戰術性質？

小島教授談到的是日本、美國和中國的三角關係。我很驚訝的是為何台灣被排除在外。台灣的唯一支持力量來自美國，我誠心相信美國是台灣唯一的朋友。小島教授論及中國大陸的飛彈威脅到日本和台灣，他也在論文中兩度提到中國民族的大復興。從美國的角度看，「民族大復興」的詞彙聽起來有些不協調，這是我對其論文的唯一批判。在有關解放軍的部分，小島教授認為它還在現代化的階段，尚無能力對抗美日同盟的軍力。他也提到中國和日本的合作關係，存在著大量的經貿和投資。

有關「中國威脅論」的觀點，並未被日本主流的「中國通」所接受。不過，我們可以這樣說，對於中國的崛起，日本還是有著情感方面的矛盾。在台灣也有一個辯論，就是對人民解放軍武力威脅的迫切性之辯論。由於我是研究政策和政策的意涵，因此對這樣的一個辯論，無論是民主黨或共和黨，無論是華府、東京或台北，總會有所謂的「模糊」與「明確」之爭辯。與中國交往是符合美國的國家利益，特別是在北韓和武器擴散方面。因此無論是在美國、日本或是台灣對中國的崛起，都存在著這樣一個複雜的矛盾情結。部分人士歡迎中國大陸經濟成長所帶來的機會，而這些機會也會對中國的對來，帶來不同的選擇。對台灣的支持也是這個矛盾情結的一部份，我們也看到了中國大陸的成長會有極限，而美國對台灣的支持也並非是無條件的。在對台灣的支持方面，日本和南韓又能扮演什麼角色？

無論是在討論中國大陸的經濟，或是目前較為溫和的外交政策，或是美國對台灣的支持及援助，台灣存在著一個機會，問題是台灣該如和善用這個機會。無論台灣作什麼樣的決定，都會影響到本身的和平與繁榮。在這樣一個矛盾情結下，前天台北不單有一個真正的地震發生，還有一個政治的地震，就是布希總統對台灣領導人的嚴肅警告。這個政治地震的震央，就在布希總統的白宮。究竟布希總統的談話語調，是會減輕壓力還是引發更多的餘震？這些餘震可能來自北京，因為布希的談話鼓勵了北京對台北的持續威脅。它們也可能來自華府，就是對台北採取更為強硬的作法。當然，它們也可能來自台北，就是英文「台北時報」所說的抗拒（defiance）。陳總統提到 2001 年有關「不計代價防禦台灣」的談話。不過，若是未將談話當時的情境納入考量，就是對現實的錯誤認知。陳總統認為解放軍在用飛彈威脅台灣，但他卻被指控在進行挑釁，這是極大的諷刺。

對於美國總統和一個好戰、沒有合法性的北京政權，持相同立場的場景，一定也讓陳總統費解。讓我由一個政策分析者的角度，對這些諷刺提出分析。第一，美國過去一直在觀察北京的統一時間表，現在我們必須正視的是台灣在制訂新憲及公民投票後，鞏固台灣獨立的時間表。第二，美國長期擁護台灣的民主政治，不過陳總統將民主程序當作政策工具，引發了美國的憂慮。第三，對台灣而言，目前的美國政府是自 1979 年兩國斷交以來，最為友善，且在行政或立法部門，擁有跨黨派對台灣的支持最為一致的政府。然而，我們目前看到的卻是兩國新的緊張關係。第四，布希總統提到要讓華府政策更為明確，並且認為明確有其必要，但現在他卻被指控是政策模糊。第五、美國原先耽心的是解放軍沒有警告的對台威脅，現在我們耽心是陳水扁總統的驚奇。自從他 2002 年 8 月 3 日的演說中提到「一邊一國」以來，我們擔心的不是北京的誤判，而是台北的誤判。最後，最大的一個諷刺是美國與台灣對威脅的認知存在著極大的差異，但我們怎能指控美國，特別是目前的政府，施壓要求台灣國防部購買自衛性武器是不合理的作法？

我們可以說美國是在提供或銷售這些軍備，但台灣本身要求採購軍備，是不爭的事實。布希總統在 2001 年 4 月面對台灣軍備所需的清單，有三個選擇。一個是同意，另一個是延緩，最後一個則是不予同意。在此研討會中有人提到長程預警雷達，這是台灣在 1999 年所提出的要求。由於國會的壓力，柯林頓政府原則上同意這項要求，不少人擺上許多政治的資本讓此要求成案，在當時國務院並不情願的情況下，這被視為是一大突破。台灣要求協助但也應認識到美國的政府和企業界有不同的看法。美國企業界是以賺錢為目的，他們沒有必要留在台灣。但無論這些企業是否留在台灣，美國政府和政策部門，還是會留在台灣。

台灣而不是美國也直接面臨來自解放軍的威脅。在布希總統著名的美國有義務「不計代價來防禦台灣」的談話中，他也提到了美國有義務協助台灣達成自我防禦。我們應當不要忘記在「台灣關係法」中的概念是自我防禦。金德芳教授也提到同樣敏感的憂慮，就是台灣是否有作戰的決心？台灣對自我防禦是否認真？

與會外國學者

我的問題來自於戴傑教授對吳釗燮論文的評論，也是簡淑賢女士在評論中所觸及者，就是中國大陸對台灣和陳水扁總統的認知，及台灣對中國大陸和其領導人的認知，究竟是台灣還是中國，有錯誤的認知？我想知道的是這些誤判所帶來的危機。姑且不論是來自台灣或大陸，難道不也是美國政策轉變的結果？我不覺得戴傑教授或簡淑賢女士對此有所評論。過去這五年半以來，我們看到中國大陸由被視為是「戰略伙伴」轉為「戰略競爭者」，現在又成為「外交伙伴」。我想不單是台灣，所有這個區域的國家都在懷疑，究竟美國在此議題上的立場為何？因為對這個區域的國家而言，中國是一個我們必須接受的重要大國。美國在政策表述的方向，讓這個區域的國家弄不清楚美國的立場究竟為何？我想知道這是否也是造成誤判的可能，而非僅是來自中國大陸或台灣及兩方的領導人？

高敬文

兩個問題。一個是請教吳釗燮博士有關第二個立足點，特別是在三通直航方面沒有任何的談判進展。在你的報告中，我覺得少了幾點，聽起來直航談判沒有進展似乎責任全在中國大陸，但我認為儘管陳總統還是候選人時對此問題有所承諾，也表示不會躁進，但台灣的作法仍顯得過於謹慎。我認為在 2000 年大選支持陳總統的大企業算是相當有耐心，至今還接受沒有直航的事實。你認為若是再次對此議題作出承諾，是否能爭取到這些大企業支持民進黨及陳總統的連任選舉？若是陳總統當選，是否還會用謹慎的態度，找出無法立即直航的理由，繼續操作這個議題，直到 2008 年的選舉為止？

第二個問題是想請問金德芳教授，我同意你大部分的觀點，但有一個現實政治的問題卻沒見到，就是台灣和中國大陸實力相當懸殊，即使如同許多與會者所觀察的，中國大陸的經濟成長終將遲緩下來，但台灣還是處於弱勢。美國的立場就是在和雙方維持關係的同時，保障本身的利益。不過美國許多官員似乎沒有認識到在台灣有一個強烈民族國家認同的出現，無論未來是誰在總統府，這個趨勢都將會持續。與此同時，中國大陸並不會放棄統一台灣的機會。因此，這個統一和獨立建國兩個立場相悖的看法，勢必會走向衝突，我認為在您的論文中，應該將此現實政治的考量加入。

孟儒

針對小島朋之教授的論文，我要提出兩個問題。第一個問題是有關日本對中國威脅的看法。有民調顯示日本的年輕人較為支持美日同盟，也較擔心來自中國的威脅。因此必須將年紀因素納入考量。第二個問題是小島教授在論文中沒有觸及 Michael Green 有關日本正在成長中的「戰略現實主義」，這是一個非常重要的概念，沒有討論也該提到。

俄羅斯駐台代表

我的問題是要請教美國的學者，最近布希政府對台政策由「戰略模糊」轉為「戰略明確」，我認為前者是針對美國是否會在中國大陸武力犯台時，出兵援助台灣，但現在變成「戰略明確」時，我還是無法確定美國是否會出兵援助台灣。舉例來說，如果台灣宣佈獨立，美國還會出兵嗎？如果在此議題上不能明確，我個人認為「戰略模糊」和「戰略明確」沒有什麼差別。請問各位對此問題有什麼看法？

Benjamin Self

村井友秀教授認為他自己所代表的是少數的意見，而小島朋之教授則代表大多數日本的中國專家的主流想法。但我認為日本的親中人士覺得他們是少數，正在努力捍衛其主張，特別是在外務省，這一派人士受到了嚴重的打擊，他們已沒有人佔據「外務省」的資深職位。小島教授對國防人士在中國問題的看法，也和事實有很大的出入。在政治圈中，和中國大陸的競爭遠遠超過了雙方在戰略方面的合作，或是關係的和緩以及自信。小島教授的看法，只有適用於「通產省」，和在中國大陸有投資的日本企業家。因此，如果你僅看「通產省」和在中國有投資的企業，小島教授的論點是主流看法。但如果你將孟儒先生所提到的支持「戰略現實主義」的人士納入考量，就可以發現日本的政策選擇是多面性質的，而非僅是重商主義的看法。這樣你所看到的將是一個對中國大陸較為謹慎的態度，我稱其為「迴避閃爍」的態度。

對我而言，這是有些諷刺的，因為小島教授在年輕時對「外務省」被親中人士把持頗有微言，他曾批判日本的中國政策架構。不過在過去的這十年中，他似乎被這一派人士吸引過去，我們可以在此篇論文中，看到許多的說詞，卻少了實質的內涵。

翁松燃

我想提一個至今尚未討論的問題。這次的研討會主題是「中國的崛起」，在我的認知中，中國大陸知識份子的辯論，可能在中國的崛起中扮演了重要的角色，這個角色應是最切題及適當的，但卻沒有獲得討論。我認為其重要性在於若是中國的崛起僅是靠黨政要員，而完全沒有知識份子的角色時，這樣的情況本身就有特別的意義。不過，這不可能是真實的。因此，中國知識份子究竟扮演了什麼樣的角色，我們對它門角色的評價又是如何？

關志雄

昨天我們討論經濟議題，今天我們分析政治議題，但我認為兩者的關連好像並不存在。在政治方面，台灣越來越往獨立的方向邁進，但在經濟方面，卻是和中國大陸有益加親密的關係。對我而言，這是一個極為矛盾的現象，我懷疑這樣的一個趨勢能否持續？若是無法持續，最終的結果是什麼？作為一個思想較為單純的經濟學家，我比較會接受馬克斯主義的看法，中國大陸的政治體系在未來一、二十年中勢必要有所改變，以接納新的經濟現實。如果中國大陸成為較為民主、富裕的國家，和台灣的情況較為接近，那麼統一的機會有可能因而增加嗎？

蔡瑋

我想接續俄羅斯代表的問題。我們過去討論過「現狀」、「戰略模糊」、「戰略明確」等議題，我認為這些僅不過是政治術語而已。就以「現狀」來說，布希總統似乎認為陳水扁總統企圖改變「現狀」，但由吳釗燮博士的角度看，台灣僅僅是在讓「現狀」合法化。至於「戰略明確」更是一個混淆的名詞，如果美國說「不計代價來防禦台灣」，那就是戰略明確；但如果美國說我們在某種情況下會防衛台灣，這究竟是「戰略明確」還是「戰略模糊」？或許諸位之中有人可以將這個問題作較清楚的說明。另外，我認為戰略專家和戰術專家有時是可以對換角色的，不知各位是否同意？

吳釗燮

從戴傑教授的評論中，我學到很多。他提出許多我們必須關心的議題，以及一些我們必須深思的事物，特別是在我們描述事情或採取行動時，必須謹慎。當我在形容台灣目前的兩岸政策有靠這兩隻腳站立在兩個立足點上，戴傑的觀察是我們可能靠一隻腳跛行。我對此觀察的回答則是未必如此，因為我們同一時間作許多的事，有時一隻腳在前，另一隻在後，有時則是另一隻腳在前，一隻腳在後，我們總是靠著兩隻腳在前行。

我對布希總統的觀察則是，他想同時改善美國與中國大陸和台灣的關係。在陳總統成功過境訪問美國之後，我曾說台灣並沒有因為美國與中國大陸改善關係而覺得受到歧視或受到懲罰，以致於有衝動要魯莽行事。如果各位觀察趨勢，目前國內的民意調查顯示，大部分的國人對於現狀感到滿意。這表示我們並不會想要改變現狀，進入一個大家覺得不自在的情境。這樣的一個趨勢，當然會和中國大陸希望與我們進行談判，決定兩岸未來的要求有所衝突。或許我們不僅用兩隻腳在走，而是用兩隻腳跳著走。

在 SARS 的高峰時期，我們在對大陸官方所謂有照顧台灣醫療衛生需要的說謊行為，曾提出嚴重的指控，兩岸關係並不融洽。不過，我們並沒有因此要撕破臉，因為我們知道若是撕破臉，只會讓自己陷入更多的麻煩，而無法真正解決問題。在當時，我們有考慮貨運的直航。目前，各位也可以從台灣的媒體報導看到，即使在對防禦性公投引發爭議之時，「陸委會」或「海基會」的官員並沒有對大陸說出重話，因為雙方仍在進行談判。我們現在討論的是，一來我們必須鞏固自己，預防自己變成香港；另一方面，我們要繼續和中國大陸交往，以防止雙方發生戰爭。

戴傑教授提出的第二個問題是，我們將如何解釋什麼才是「現狀」。我想大部分人對現狀的描述，都不會是很清楚的。假如我們很清楚嚴格地來界定它，那麼各方都失去了迴旋的空間。如果你問路人甲，問他是否願意接受現狀，百分之八十的都會說願意。如果你問政府官員或反對黨，他們的答案也會是正面的。我想對現狀方面有些模糊是好的，因為它給予台灣迴旋的空間，特別是在兩岸協商談判進入最後階段時。

此外，有人提出台灣國內政治與兩岸關係的問題。無論明年是誰當選，兩岸關係大概不至於改變。我認為戴傑教授的看法是有道理的，就是當陳總統接任李登輝總統時，他也繼承了大部分的兩岸政策，只有在直航議題、對大陸投資等議題方面作了微幅的調整。即使是國民黨主席連戰先生的兩岸政策顧問蘇起教授，曾嚴厲批評政府施政的不當，但我相信若是他當選總統，他的兩岸政策和目前陳總統的施政方向也不會有太大的改變。畢竟，蘇起先生本身也曾擔任「陸委會」主委，當時我們也曾有過對話，彼此都算熟悉。雖然他現在的談話和當時有所出入，但若是他重回「陸委會」，我想他的談話會和過去擔任此職位時相似。有時，在反對黨立場時比較容易，為反對黨的總統候選人提出建言，但若是不夠謹慎，一旦候選人當選，這樣的建言將會對他造成傷害。

當我們一再重申要遵守兩千年總統就職演說中的「四不一沒有」之承諾，不會宣布台灣獨立，而新的憲法將是為了台灣政治發展的需要時，但聽到的說法卻是民進黨是在推動台獨，是在為台灣共和國制憲。雖然這樣的聲音或許會讓反對黨增加選票，但卻也會混淆國際視聽，這對台灣追求民主深化的努力沒有幫助。我認為「國研中心」老同事蘇教授的建議，事實上是無法達到預期的效果。舉例來說，當我們說要舉辦公投時，國民黨一開始是反對的，但在看到民意的傾向後，就立刻改變了立場。當我們建議制訂新憲法時，國民黨一開始也是強烈反對，但僅幾個星期後，他們就認識到若不改變立場，就會被選民所唾棄。我認為防禦性公投亦將是如此，今天我才看到一份民意調查，有百分之七十的民眾支持防禦性公投，因此國民黨從今天開始或是對此議題三緘其口，或是回頭予以支持。

在場所提到的另一個問題是，若是中國大陸成為民主繁榮時，兩岸關係會是如何？台灣是否會選擇統一。我的觀察是中國大陸本身從未思考這個假設，而是一再用武力恫嚇台灣，防止台灣遠離中國。中國大陸的朋友到台灣訪問時，我告訴他們，你們的作法是錯的，你們從未想要如何吸引台灣，你們應當採取一個較為友善的態度，讓雙方維持某種關係。至於未來會有什麼樣的進展，我也無法逆料。有人說若是中國大陸放棄武力犯台，台灣就會宣佈獨立，我不能確定是否一定如此。若說大陸成為民主繁榮時，或許台灣會要求和中國大陸統一，我也同樣無法確定。

金德芳

首先，回應李明教授的評論，有關台灣不同軍種為了取得軍備而互相競爭，這個資訊是來自我國的武官和情報官員，他們通常和台灣軍方有不錯的關係。事實上，貴國的軍官也曾告訴過我此事。如果這是錯誤的認知，似乎應該立即予以糾正。不過話說回來，貴國陸軍實在沒有必要擁有更先進的坦克，因為若是人民解放軍登陸台灣時，戰事應該已經結束。許多人都有這樣的認知，就是過多的資源集中在陸軍，排擠了海空軍應有的資源。這幾乎已經是共識，若是你不同意，應將證據提出，向貴國的陸海軍，以及我國的武官和情報官員說明。

有關高敬文所提出的現實政治問題，沒錯，台灣和中國大陸並非實力對等，中國大陸是較強的一方，不過這樣的衡量還是有問題，因為應該不僅是土地面積或人口而已。中國在許多方面較台灣強，但美國也在許多方面較中國強，如果你將美國對台灣在「法理上」獨立的支持，那麼中國大陸並不是如此佔優勢。美國有一個兩難，是今天未曾討論的，但卻是切題相關的，就是如果美國不在兩岸有衝突時採取支持台灣的立場，那會對美國與盟國的關係造成很大的衝擊。若是美國所放棄的是一個民主國家，還有哪一個國家能夠再信任美國？我記得當年福特總統承受許多壓力，被要求撤除對台灣的支持，轉而承認中國大陸。當時福特總統所獲得的建議是，看看先前越南的經歷，你還能拒絕或不在乎多少的盟邦？美國的承諾還會有多少公信力？因此，台灣並非處於劣勢。如果你詳讀國際關係史，就會發現較弱的小國，往往有能力成功地操縱一個較大的國家，其中的一個例子就是一次大戰前奧匈帝國將德國捲入戰爭。

有關台灣的民族國家形成之過程，我是同意此點。威爾遜學者中心今年舉辦了一場研討會，討論台灣化的問題，我有幸發表主題報告，其他與會者尚有任雪麗和高棣文等。各位可以上該中心網站，查詢相關的資訊。我想除了少數學者外，大家對此發展並不是很清楚。

對於俄羅斯朋友所提出的戰略模糊問題，您提到了一個有趣的說法，也是我們常聽到的，就是「若是台灣宣佈獨立」，我想這個情形發生的可能性大概是近乎於零，因為被視為是較有可能作此舉的民進黨，其立場一直是中華民國是主權國家，從 1911 年以來就持續存在，因此沒有必要宣佈獨立。的確，台灣沒有必要宣佈獨立，我相信這是中華人民共和國目前仍和台灣處於戰爭狀態的原因。許多年前，中國大陸曾說，若台灣宣佈獨立，就會武力犯台。現在中華人民共和國認識到台灣不會宣佈獨立，因此他們必須想出一些新條件。不過，他們的表現似乎是在尚未想出新條件前，先將漸進式台獨作為條件，因為正式宣布台獨已不可能。中國大陸是對是否武力犯台的條件在作改變，因此我們才會有戰略的模糊。

至於「戰略模糊」和「戰略明確」，它們已成為文字遊戲。我論文所引述簡淑賢給國會的一份報告中，對此有很好的描述。我記得在 1995 年～1996 年的台海危機中，一些國會議員批評當時的美國政府，指控美國戰略模糊是造成危機的主因。坎伯回答說，美國事實上是有戰略明確，只是戰術上模糊而已。我認為美國長期以來的立場就是，若台灣在未挑釁的情況下遭到攻擊，美國就會協助防禦台灣。但究竟什麼又是挑釁行為呢？我問過蒲睿哲此點，問他是否可以為什麼是構成挑釁行為下個定義。他的回答是，我們還沒有研究出該如何操作「挑釁」的定義。我希望能夠較為明確，但也知道這是不可能獲得的，因為美國政府不願在承諾方面，開一張空白支票，讓台灣覺得它所作的都可被接受。我想各會會一直看到這個文字遊戲的不斷移動，卜睿哲的說法大概已經是和想要釐清此點最為接近的說法。換句話說，這些是無法定義的。

村井友秀

我代表小島朋之教授發表論文，說明他的論點是代表主流意見的想法，這個主流意見是指日本大多數的中國專家而言，而不是日本的社會。此外，小島教授所主張的是對日本最理想的情況。對一個研究安全的學者而言，我本人則是認為要為最壞的情況作打算，這是我們的差別。

我認為目前許多日本人的想法是，中國的首要目標是經濟繁榮，這對日本不會是個問題。小島教授就認為繁榮的中國對中國是好的，對日本也是好的。但如果中國大陸的目標是成為亞洲的霸權，是中華民族的復興，這就會對日本構成問題。經濟繁榮本身原不是問題，但如果中國大陸認為經濟繁榮是快速成為霸權的工具，對日本而言，經濟繁榮也構成問題，這是許多日本人的想法。

最後，小島教授認為中國大陸的軍力不是問題。我想更明確的說法應是，在傳統武器和科技方面，日本和中國大陸間存在著極大的差距。不過，中國大陸擁有核子武器和洲際飛彈，這是日本所沒有的，因此它的長程飛彈對日本是極大的威脅。

吳釗燮

有關高敬文所提出陳總統於2000年獲得來自企業界的支持，而這些企業界希望能夠實現直航的問題，我想這是大家所關心的。去年冬天，我有機會陪同陳總統與一些企業界人士共進晚餐，這些人士亟欲見到直航的建立。餐中他們的談話越來越不客氣，而相當直接。在每位發表完他們的高見後，陳總統說明他在經濟高峰會後，就已決定要預備直航，也願意談判。不過由於中國大陸要求「一個中國」的原則，就是它們在2000年白皮書所定義者，使台灣成為中國的國內問題，是它的一省，因此與台灣間的航線是國內航線。這是中國大陸在任何談判之前所有我們先接受的條件，也不讓政府有機會參與直航的談判。陳總統問在座的企業界人士是否願意接受這樣的條件，當然沒有人願意。我想任何人若是要和陳總統談直航問題，陳總統的談話應是極具說服力。目前，由於陳總統連任的機會很大，因此有越來越多的企業界對它表示支持。

有關金德芳所提出的漸進式台獨問題，我在此舉一個例子。去年，在總統府前有兩個標語，「三民主義」和「統一中國」。一年以前，由於颱風將襲擊台灣，而這些標語有些生鏽，因此總統府決定將這些標語拿下。第二天就有人說這是漸進式台獨的象徵。

戴傑

很高興知道幾乎在所有地方，政治都被鐵鏽所驅使。有關俄羅斯朋友和蔡瑋教授所提出的「戰略模糊」和「戰略明確」之問題，我很想告訴金德芳無須如此的後現代。在美國不支持台灣正式宣佈獨立，也不支持中國大陸所設計的統一模式之情況下，不可能有任何精確的定義，因為我們無法臆測所有情況。任何想要達成明確的努力，都會有造成錯誤認知的危險。我們目前所面臨的，就是這樣的一個例子。套用邱吉爾的說法，是「戰略模糊」的費解，加上迷樣的「現狀」定義。

關志雄教授所提出的未來統一的問題，當然國統綱領中提到一旦中國大陸變得較為民主和繁榮時，統一就有可能。不過，其他的情況也有可能。讓我在這較為大膽地指出，若是一個國家真的變為民主繁榮，且關心人權時，或許他們根本不在乎。事實上就存在了許多兩個歷史和種族方面有深厚關係，且在經濟有高度整合，卻分別存在的國家。德國與奧地利（姑且不論1938年的德奧合併就是一個實例）、美國與加拿大都是如此。如果德奧和美加都能分別存在有很長的一段時間，或許一個自由民主的中國也能和台灣和平共存。

至於美國是否應為錯誤的認知負責，金德芳所提到的研討會之前，在外交政策研究會還有一個研討會，我想主題應是「不可或缺，卻又不能受苦的亞洲盟邦—美國」。在研討會中，美國和亞洲國家極為類似，花了一天的時間彼此爭執是誰較難相處。你們不知道自己要什麼，卻要我們作你們想要的。這個觀察，在某些程度上是相當貼切的。

我們也有自己的選舉週期，我們的總統也在竭力爭取選票。我們每四年或八年的一個儀式，就是在野黨會嚴厲地批評執政黨的中國政策和其亞洲政策。因此，只要有總統大選會發生政黨輪替或有政黨輪替的可能，這樣的情形就會發生。不過，我想更為根本的是美國外交長期以來，就對美國究竟該純粹以計算權力和現實主義的考量所孕育出的利益，還是以其他國家所能共享的價值為利益，存在矛盾的看法。我想是後者在界定「利益」。「利益」和「價值」的辯論是不適用的。

我們在戰略方面，非常明確是要採取模糊立場，並在戰術的運作上是模糊的。對各位所關心的問題，事實上存在了一個中層的問題，就是我們對台灣最近一段時期的政治發展，並沒有很好的掌握。我想各位開始聽到不同聲音的辯論，在華府的辯論將會是公民投票究竟是台灣民主政治的一部份，抑或是利用民主深化為藉口，選擇沒有人會反對的如要求中共撤除飛彈和加入「世界衛生組織」等議題，或是選擇政治上重要但卻沒有法律效力的國會席次減半等議題，以達到政治目的的策略。同樣的，有關制訂新憲的問題，是真的要整理一個過時、無法運作的憲法，還是要象徵性地切斷制憲與中國間之連結，或是更糟地只想要強化總統的權力？這是一個你會在台北和美國都想聽到的辯論。除非我們能釐清這些舉動和台灣民主運作間的確存在著密切的關係，恐怕連美國的外交決策者也無法深入了解這是否為關乎重大利益的「價值」議題。

簡淑賢

兩個問題。第一個是關乎我們應否將兩岸關係緊張的責任歸諸於美國政策的改變。我想我們可以主張美國政策並不一致，在任何時間或任何政府，這樣的主張都是合理的。有人說美國過去極為關心人權議題，如 1989 年的天安門事件，現在則完全沒有聽到這樣的關切。在 1990 年代末期，美國曾瘋狂地關心過安全的議題，現在則是貿易的議題比較重要。因此，若是我們看美國與中國大陸間的三大議題：安全、人權和貿易，我們可以看到政策的上上下下，你或許也可能指控美國的政策不一致。不過有一件事實就是在過去三十多年中，美國認為有必要和中國交往。從尼克森到卡特，從雷根到柯林頓再到布希，無論是共和黨或民主黨，國會或是行政部門，這個政策是一致的。因此，某些事情是我們可以預期的。

在「戰略模糊」與「戰略明確」方面，我同意其他人的看法。談這個議題實在是沒有什麼大的用處，因為每一個政府都會說其政策是明確的。大部分的官員都會說美國的政策是明確的，偶而有些會承認說美國是想建立明確的政策。這些都無助於我們對於議題的了解。語言的用字遣詞也是會有改變的，我們已由過去注意到台灣是否會正式宣佈獨立進到一個新的階段，因此所謂的「宣佈」究竟還有什麼意義？如果各位看到中華人民共和國，它也承諾要給台灣對等，但對等的意涵究竟為何？難道是在國際組織中，讓台灣有平等的地位？用字遣詞在不同的情境下有不同的意涵。

如果我們直接公開反對台灣獨立，這難道是說我們反對台灣目前的現狀？在胡錦濤和布希 2003 年 11 月的曼谷會晤後，國家安全顧問萊斯女士曾說明不願看到片面對現狀的改變。這夠清楚嗎？萊斯女士或許認為如此，但因為台灣後續又有新的動作，迫使美國政府作出新的政策說明。12 月 1 日美國國務院發言人採用了「反對」的字眼，就是美國反對任何會改變台灣現狀，將台灣帶向獨立的公投，這難道不夠明確嗎？等到布希總統本身出面，也用了「反對」的字眼，並用「台灣的領導人」來稱呼陳水扁總統，就引發了更多的問題。

假如台灣單方決定改變「一個中國」的定義或概念？美國應該有什麼樣的回應？柯林頓總統被指控在戰略方面模糊，但卻是在他擔任總統時，美國派了兩艘航空母艦協助防禦台灣。美國堅持其立場是明確的，但卻一直有人一廂情願地選擇他自己想要聽的，並作自我解釋。我想現在更好的一個問題是，美國在維持亞太地區和平安全方面，該如何保持其制衡的力量，這應是大家所共有的利益。我想對美國政策的評估，會將此納入考量，看看各樣不同的作法是否有其必要，是否能夠有效地達成其設定的目標。就如同在台灣方面用字遣詞有所改變，中國大陸的威脅也在演變中。我們不能僅說中國的崛起、解放軍的威脅，或是飛彈的佈署而已，如果各位看過美國國防部每年呈給國會的報告，就可以觀察到威脅的演變，由過去的入侵台灣到威迫台灣或讓台灣屈服。如果你將紅線劃出，這難道不是在引誘對方跨越紅線，做出挑釁的行為嗎？

李明

我同意吳釗燮博士的看法，在現狀方面存在了許多不同的定義。對台灣一般老百姓而言，他們要求的就是兩岸關係的穩定，而不願意見到有挑釁的舉動。當我們說到現狀，除了安定之外，也應是適用於國家的名稱、憲法等議題。金德芳博士的看法是台灣自 1911 年以來就是個主權獨立的國家，但我們民進黨政府可能持了不同的觀點，他們想要建立的是台灣共和國。因此金德芳教授的看法和民進黨的看法是不同的，且有差距的。

吳釗燮

由於我代表民進黨政府，因此必須對此問題有所回應。民進黨不預備改變國號，也不會改變台灣的現狀，也就是目前的國號是中華民國。除非有外力的干預，迫使我們作出改變，否則這是我們的既定政策。

金德芳

我所提的不是我的看法，而是執政的民進黨本身的說法，就是中華民國自 1911 年即持續存在，他們將會保持這個現狀。這不是我的看法，而是目前政府的立場。

作者與編者簡介

Ross H. Munro (孟儒)

現任「華府安全研究中心」東亞研究部主任、國際政治研究所兼任研究員，並擔任美國政府許多機構顧問。研究專長領域包括中國現代史與戰略、亞洲事務和美中關係等，目前正從事有關中國與其鄰國關係的相關研究。孟儒所著《即將到來的美中衝突》（The Comming Conflict with China）一書是第一部以探討美中衝突為主題的著作。該書不但廣受好評，並被紐約時報評選為 1997 年最受矚目的著作之一。該書已被翻譯成日、德、法等多國文字，並分別在台灣和中國大陸出版。孟儒除了在《外交事務》（Foreign Affairs）、《國家利益》（National Interests）、《評論》（Commentary）和《世界事務雜誌》（Orbis）等期刊為文外，並曾任「時代雜誌」亞洲特派員和駐香港、曼谷、新德里辦事處主任多年，早年也擔任過多倫多環球報駐北京特派員等職務。

鄭端耀

美國紐約大學奥巴尼（Albany）分校碩士、喬治亞大學博士，現任國立政治大學國際關係研究中心第一所研究員。曾任國關中心合作交流組組長與《美國月刊》主任，目前擔任《問題與研究》（中文版）。曾任「國際及戰略研究中心亞太論壇」（Pacific Forum-CSIS）（1992）和喬治城大學（2002～2003）訪問學者。研究領域包括國際關係理論、台灣對外關係與安全，以及國際防擴散建制等，著有「國際不擴散建制運作與發展」(台北：志一出版社 ,2000 年)

Tomohide Murai (村井友秀)

自 1981 年起即任教於日本防衛大學，現任日本「國立防衛大學」國際關係教授和「日本國防研究協會」會長。村井教授為軍事史、國際衝突和東亞安全問題的專家，主要著作包括《失敗的本質：日軍的組織研究》（Essence of Failure: Organizational Study of Japanese Military Forces, 1991）和《安全研究導論》（An Introduction to Security Studies , 2001）等。

Mure Dickie (王明)

現任英國「金融時報」駐北京特派員；1999～2003 年 3 月曾任「金融時報」駐台北特派員；1994～1998 年任路透社駐東京特派員和副主編。在此之前曾在日本和東埔寨任教，並於英國愛丁堡精神病院擔任護理師。1992～1994 年分別在倫敦大學東方和非洲研究學院和北京師範大學學習中文。

陶儀芬

哥倫比亞大學政治學博士，曾任國立政治大學國際關係研究中心助理研究員，現任國立台灣大學政治系助理教授，論文題目為：《在政治遞嬗中找回制高點：後鄧時期大陸金融改革下的政治經濟》(Reclaiming the Commanding Heights amid Political Succession: the Political Economy of Financial Reforms in Post-Deng China）。研究領域包括比較政治經濟、金融政治、東亞發展和中國大陸政治等；而近期的研究計畫則包括了：「金融全球化和中國大陸經濟改革」、「中國大陸計畫經濟轉型策略：以上海金融部門為例」，以及「轉型經濟體下的國家與市場：中國大陸金融市場失靈的制度化分析」等。

Chi Hung Kwan (關志雄)

香港中文大學畢業、東京大學經濟學博士，現任東京日本經濟產業研究所高級研究員。主要的著作包括：《亞太地區的經濟互賴》（*Economic Interdependence in the Asia-Pacific Region*, 1994）和《亞洲貨幣一元化研究》（*Yen Bloc: Toward Economic Integration in Asia, Brookings Institution Press*, 2001）等。關志雄並擔任了包括日本首相諮詢機構「經濟理事會」和日本大藏省諮詢機構「外匯和其他交易理事會」（Council on Foreign Exchange and Other Transactions）等各類政府委員會委員。

Eric Croddy (埃理克)

舊金山大學畢業，曾任「蒙特利防擴散研究中心」高級副研究員（1998～2003）。埃里克的專長領域為反擴散，著有《生化武器戰爭：給憂思公民的普查報告》（*Chemical and Biological Warfare: A Comprehensive Survey for the Concerned Citizen*, 2001）。2003 年曾在 DynCorp/CSC 機構擔任國家安全分析師，現任職於美國國防部。

Benjamin L. Self

現任美國華府「史汀生中心」高級研究員，「美國大學國際服務學院」兼任講座。曾任日本「寺廟大學」（Temple University）講座、「伍德羅—威爾遜國際學者中心」亞洲計畫副研究員和日本「基奧大學」客座研究員。此外亦曾參與了包括「亞洲—日本區域安全動態」、「東亞—日本信任建立措施」和「接觸同盟：與中國建立安全合作關係」等多項安全計畫。最近的著作則有：《接觸同盟：建立與中國的安全合作關係》（*An Alliance for Engagement: Building Cooperation in Security Relations with China*, 2002）、「日本真正的優勢：軍事外交」和「凝聚國內共識的問題」（"Japan’s True Strength:

Military and Diplomacy"; "Formation of a Domestic Consensus is the Issue", 2002）等。

黃介正

曾任行政院大陸委員會副主任委員，現任職於淡江大學美國研究所助理教授兼所長，先後任美國「國際及戰略研究中心」國際安全計畫高級研究員（1999～2000）、「布魯津斯研究院」東北亞政策研究中心客座研究員（1998～1999），並在馬里蘭大學教授有關中國外交政策與美國安全政策的課程（1998～2000），1993～1998年間則擔任台北駐華府經濟文化辦事處諮議一職。黃介正為喬治華盛頓大學博士，其專長為亞洲和中國安全與國防事務。主要著作包括：「中國海軍沿岸積極防禦戰略：概念化與意涵」（"Chinese Navy's Offshore Active Dfense Strategy: Conceptualization and Implication," *U.S. Naval War College Review* (Summer 1994)；「台灣對軍事平衡的觀點和挑戰」（"Taiwan's View of Military Balance and the Challenge It Presents, *Crisis in the Taiwan Strait* ," AEI 1997）；「二十一世紀的台灣軍隊：再定義與組織再造」（"Taiwan's Military in the 21st Century: Redefinition and Reorganization," *The People's Liberation Army in the 21st Century*, (U.S. Army War College 1999)；「中國軍事準則的轉型與萃煉」（"Transformation and Refinement of Chinese Military Doctrine," *The PLA in the Eve of the New Millennium: A Retrospective View of the Past Twenty Years*, 2001）；「有台灣特色的本土國防：陳水扁總統的新國防觀」（"Homeland Defense with Taiwanese Characteristics: On President Chen Shui-bian's New Defense Concept," *China's Cost in a Conflict*, 2001）。黃介正亦為「國際戰略研究所」和美國「海軍研究中心」（United States Naval Institute）會員。

Yasuyo Sakata (阪田恭代)

慶應大學政治系文學碩士，現任日本神田外語大學副教授，日本防衛廳國防外交研究小組成員(2001 年迄今)，日韓論壇成員(2003 年迄今），日本國際事務中心東北亞安全和日本計畫成員（2003～2004）。研究專長領域為東亞國際關係，特別是朝鮮半島安全問題、美韓關係和韓戰等。最近的著作包括：「美國與韓戰：有限戰爭、停戰協定和統一」（“America and the Korean War: Limited War, Armistice, and Unification” in Kanji AKAGI, ed., *The Korean War: Reexamining the Armistice in its 50th Year*, 2003）；共同譯作：《長期和平》（John Lewis Gaddis, *The Long Peace*, 2002 ）；並曾擔任日本防衛廳國防研究所講座；聯合國大學—澳洲國立大學策略與國防研究所碩士與文憑課程之東北亞安全課程講授（2003），此外亦擔任 NHK、CNN 和 ABC 等媒體評論員。

吳釗燮

國立政治大學政治系學士（1978）、密蘇里大學政治學碩士（1982）和俄亥俄州立大學博士（1989）。曾任總統府副秘書長，現任行政院大陸事務委員會主任委員。曾任國立政治大學國際關係研究中心研究員兼副主任、政治大學政治系兼任教授、政治大學選舉研究中心兼任研究員。研究領域包括：台灣政治發展、兩岸關係、國際關係和中東政治，著有「中東的戰爭與和平」（台北：志一出版社 , 1997 年）、Taiwan’s Democratization（H.K. ：Oxgord University Press , 1995）。

June Teufel Dreyer (金德芳)

哈佛大學博士，現任邁阿密大學政治系教授及系主任、外交政策研究中心高級研究員，並由美國眾議院議長哈斯特（Dennis

Hastert）任命為「美中經濟安全評估委員會」主席。曾任美國國會圖書館資深東亞專家、美國海軍作業處處長顧問。最近的研究重點集中在少數民族問題、中國軍事、亞太區域關係和台灣政治等。 著作包括：《中國的少數民族與整合》（*China's Forty Millions: Minority Nationalities and National Integration in the People's Republic of China*, 1976）和《中國的政治體系：現代化與傳統》（*China's Political System: Modernization and Tradition*, 1995），並常在各類學術期刊發表文章。

Tomoyuki Kojima (小島朋之)

現任慶應大學政策管理系教授、媒體與治理研究學院委員會委員與慶應大學媒體中心主任。研究專長為東亞關係、現代中國政治和比較社會主義。主要教授「區域研究一」、「比較政治與經濟體系」和「研究生學院計畫」等課程。

袁 易

美國 University of Wisconsin-Madison 政治學博士，曾任美國布魯京斯研究院東北亞政策研究中心客座研究員、美國蒙特利防擴散研究中心東亞防擴散計畫訪問學者、政治大學國關中心合作交流組組長，現任政大國際關係研究中心第三所研究員。主要研究領域包括國際關係、比較政治及中國政治。袁易博士曾擔任「全美政治學會」台灣研究小組召集人，並擔任澳大利亞新南威爾斯大學及雪梨科技大學之「Provincial China」、政治大學國際關係研究中心之「Issues & Studies」等學術季刊編輯委員，以及擔任政治大學學術研究與合作委員會等職務，著有「中國遵從國際導彈建制的解析」（台北：五南出版社, 2004 年）等學術著作。

嚴震生

美國普渡大學政治學博士，現為政治大學國際關係研究中心第一所研究員暨台灣非洲研究論壇執行長，專長領域為比較政治、美國政治、非洲政治和國際關係。目前的研究包括九一一後的美國公民自由問題、非洲地區的民主化、族群衝突與和平解決爭端，以及非洲聯盟，著有「美國最高法院與宗教自由」(台北:志一出版社, 1998年)。

彭慧鸞

國立政治大學政治學博士(1994)，美國 Fletcher School of Law and Diplomacy 碩士(1983)。目前任職於政治大學國際關係研究中心第二所副研究員，主要研究學門為政治經濟學及國際政治經濟學，主要研究領域為亞太地區的科技政治與國際關係，並講授「高科技產業的政治分析」課程。目前主持國科會補助「台灣網際網路產業之政治經濟分析」計畫。過去曾擔任《問題與研究》(1998~2002)及《美歐季刊》編輯委員(1999~2001)。近五年主要論著包括：「電信自由化建制與數位落差的政治經濟分析」(《問題與研究》，2001/07/08)；「二十一世紀中國大陸資訊化發展的全球接軌」(《中國大陸研究》，2002/11/12)；「中國大陸電信管制改革的動力：入世壓力或國內政經制度因素？」(《世貿組織與兩岸發展》，台北：國立政治大學國際關係研究中心出版，2003/03)；「數位時代的國家安全與全球治理」(《問題與研究》，即將刊出)等。

國家圖書館出版品預行編目資料

中國崛起之再省思：現實與認知 / 袁易，嚴震生，彭慧鸞合編.
-- 初版. -- 臺北市：政大國關中心，民93
262 面；17×23 公分. -- （國立政治大學國際關係研究中心中文叢書系列；144）

ISBN 957-01-9202-X（平裝）

1. 政治 中國大陸 論文，講詞等
2. 經濟 中國大陸 論文，講詞等
3. 東亞問題 論文，講詞等
4. 兩岸關係 論文，講詞等

574.107 93022248

國立政治大學國際關係研究中心
中文叢書系列⑭
中國崛起之再省思：現實與認知

發行者：林正義
編　者：袁易、嚴震生、彭慧鸞
出版者：國立政治大學國際關係研究中心
地　址：台北市文山區萬壽路六十四號
電　話：（〇二）八二三七七二七七
電　郵：iir@nccu.edu.tw
印刷者：宏冠彩色製版印刷股份有限公司
地　址：台北縣中和市中山路二段三五九巷三號三樓
電　話：（〇二）二二二三一一六二
初　版：中華民國九十三年十二月

平裝本：實售新台幣三百元或美金十元
（郵資另計）

統一編號
1009304467